井上明美：編著
イシグロフミカ：イラスト

自由現代社

CONTENTS

- 4　ゲームセンターごっこ
- 14　遊園地ごっこ
- 22　お祭りごっこ
- 32　郵便ごっこ
- 38　忍者ごっこ
- 44　お泊まりごっこ

- 50　ファッションショーごっこ
- 56　探険ごっこ
- 60　バイキングレストランごっこ
- 68　ショッピングモールごっこ
- 80　砂場で ピザ屋さんごっこ
- 86　園庭で かき氷屋さんごっこ
- 90　〜型紙集〜

本書の特長

本書では、ゲームセンターごっこ、遊園地ごっこといったスケールの大きなごっこあそびから、忍者ごっこ、ピザ屋さんごっこなどの手軽にできるものまで、バラエティに富んだごっこあそびのアイディアを紹介しています。スケールの大きなごっこあそびは、作品展などで、全学年がひとつのテーマでそれぞれ作った作品を展示し、その後にごっこあそびに発展すれば、普段経験できないような壮大なごっこあそびが楽しめます。また、それぞれのあそびごとに、簡単にできるごっこあそびにもアレンジできます。そして、作ったものを使ってできるゲームや、歌あそびなど、ごっこあそびから、さらに発展的なあそびへとつなげられるようなアイディアも満載しています。

さらに、本書の最大の特長は、ごっこあそびで使うアイテムの数々を、可愛らしい型紙にしてつけていることです。型紙を使うことで、よりリアルで楽しい作品を作ることができ、子どもたちは、よりワクワクした気持ちであそびを楽しむことができます。子どもたちと一緒に楽しく作品を作り、みんなが夢中になるようなごっこあそびで、ぜひ盛り上がりましょう。

誌面構成について

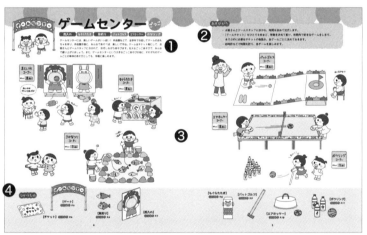

❶ 各ごっこあそびの概要やポイントを説明しています。

❷ あそびかたを説明しています。途中で交代してあそぶものや、ルールを設けるものなどは、ここで説明しているあそびかたを参考にしてください。

❸ それぞれのごっこあそびの内容や展開が一目でわかるように、見開きのイラストで紹介しています。

❹ 各ごっこあそびで使用するものを紹介しています。

❺ 各ごっこあそびで使用するアイテムの作り方を、楽しいイラストや解説で、細かく丁寧に説明しています。なお、ここで紹介している作り方以外にも、自由にアレンジして、ぜひオリジナルの作品を制作してください。

❻ 各ごっこあそびに使える型紙のページを示しています。なお、型紙は90ページ以降にまとめて掲載しています。

❼ 作品作りで必要な、主な材料をまとめています。なお、ここで取り上げている材料以外のものでも、自由に使用してください。

❽ 基本的なあそびに加え、作ったものを使ってできるゲームや、歌あそびなど、ごっこあそびからさらに発展的なあそびのアイディアを紹介しています。

ゲームセンターごっこ

的入れ　もぐらたたき　魚釣り　パットゴルフ　エアホッケー　ボウリング

ゲームセンターには、楽しいゲームがいっぱい！作品展などで、全学年で分担してゲームのおもちゃを作り、作品展示後に、みんなであそべば、楽しいですね。ゲームはチケット制にして、お客さんとゲームスタッフに分かれて、交代しながらあそびます。壮大なごっこあそびで、みんなで盛り上がりましょう。また、ゲームセンターという大きなごっこあそびの他に、それぞれのゲームごとの単体のあそびとしても、手軽に楽しめます。

つかうもの

【ゲーム チケット】　つくりかた P.6

【ゲート】　つくりかた P.6

【魚釣り】　つくりかた P.6

【的入れ】　つくりかた P.7

あそびかた

- お客さんとゲームスタッフに分かれ、時間を決めて交代します。
- 「ゲームチケット」をひとり8枚など、枚数を決めて配り、枚数内で好きなゲームをします。
あそぶのに必要なチケットの枚数を、各ゲームごとに決めておきます。
- 砂時計などで時間を計り、各ゲームを楽しみます。

パットゴルフコーナー　チケット 2まい

エアホッケーコーナー　チケット 2まい

ボウリングコーナー　チケット 1まい

【もぐらたたき】つくりかた P.8

【パットゴルフ】つくりかた P.9

【エアホッケー】つくりかた P.10

【ボウリング】つくりかた P.11

つくりかた　型紙 P.90-93

ゲート

<主な材料>
型紙、カラーボール紙、段ボール板、カラー模造紙、コピー用紙、背の高いポール

① 段ボール板にカラーボール紙を貼って、ゲートの形を作り、型紙の「ゲームセンター」の文字や「星」を拡大コピーして色をぬって切り取り、ゲートに貼る。

② ポールにカラー模造紙を巻きつけて貼り、上部に①のゲートをつける。

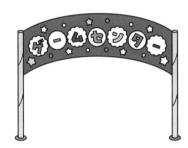

ゲームチケット

<主な材料>
型紙、厚紙

型紙の「ゲームチケット」を厚紙にコピーし、色をぬって切り取る。

魚釣り

<主な材料>
型紙、厚紙、割りばし、たこ糸、クリップ、リング型磁石、新聞紙、ブルーシート

●魚

① 型紙の「魚①〜③」を厚紙に拡大コピーして色をぬり、切り取って、それぞれ表裏になるように貼り合わせる。

② ①の魚にクリップをつける。

●池

① 新聞紙を石に見立てて丸め、グレーの絵の具にボンドを溶いたものをぬる。

② 床にブルーシートを敷いて池に見立て、池のまわりに①の石を両面テープなどで貼る。

●釣りざお

① 割りばしの先にたこ糸を結んで、セロハンテープでとめる。

② たこ糸の先にリング型磁石をつけて結ぶ。

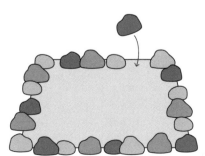

 的入れ

 ＜主な材料＞
型紙、厚紙、段ボール、白ボール紙、段ボール板、新聞紙、カラービニール袋

●景品

型紙の「肉」「にんじん」「魚」「骨」を厚紙に拡大コピーして色をぬり、切り取って、それぞれ表裏になるように貼り合わせる。

●的

① 白ボール紙に、口を大きく開けたライオン、ウサギ、ネコ、犬の絵を描く。

② ①を段ボール板に貼り、口の部分を切り取り、口の形に合わせて、裏側からカラービニール袋を貼りつける。

カラービニール袋

③ 段ボールの表面の下部分と、裏面の中間部分を下記のように切り取る。段ボールの表面の下に開けた穴をふさがないようにして、②の的を貼り、段ボールの後ろに黒幕をかける。

表面／下部分　裏面／中間部分

●ボール

新聞紙を丸めてビニールテープを巻き、ボールにする。

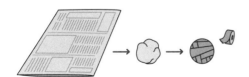

あそびかた

幕の後ろにゲームスタッフ役の子どもが立ち、ボールが的に入ったら、段ボールの後ろの穴からそれぞれの景品を落として出します。

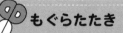 **もぐらたたき**

<主な材料>
型紙、コピー用紙、段ボール、カラーボール紙、新聞紙、牛乳パック、色画用紙、コピー用紙、モール、ラップの芯、カラービニール袋

●もぐら

① 牛乳パックの開け口部分を切り取り、パックの底面を上にして色画用紙を貼り、もぐらの顔を描く。

② モールでひげを作り、①のもぐらの顔に貼る。また、色画用紙を下記のような形に切り、もぐらの胴体に貼る。

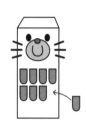

●ハンマー

① ラップの芯に色画用紙を貼る。

② カラービニール袋に新聞紙を丸めたものを詰め、①のラップの芯の先を袋に入れ込んで貼り、固定する。

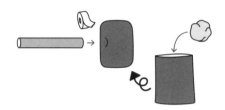

●台

① 大きな段ボールの開け口部分が裏側にくるように置いて、上と横3箇所の4面にカラーボール紙を貼る。

② ①の上4～5箇所に、もぐらが出入りできる大きさの穴を開ける。

③ 型紙の「もぐらたたき」の文字を拡大コピーして色をぬって切り取り、②の段ボールの正面に貼る。

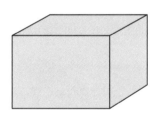 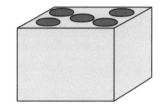 

④ 新聞紙を細長く丸めて輪にし、絵の具にボンドを溶いたものをぬり、乾いたらニスをぬる。それを③の穴のまわりに貼る。

あそびかた

段ボールの中に裏側からゲームスタッフ役の子どもがふたり入り、両手にもぐらをつけて、穴からもぐらを出し入れします。あそぶ役の子どもは、穴から出たもぐらをハンマーでたたきます。

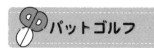 パットゴルフ

<主な材料>
型紙、段ボール板、カラーボール紙、段ボール、色画用紙、厚紙、棒、折り紙、新聞紙、トイレットペーパーの芯

●グリーン

① タテ150〜200cm×ヨコ60〜70cmくらいの長めの段ボール板に、カラーボール紙を貼る。
② 浅めの段ボールの横1面を切り取り、①の段ボール板の片側の下に貼る。
③ ②の段ボールの上部分に、ボールが入る大きさの穴を開け、穴のまわりを緑色などで円形にぬる。

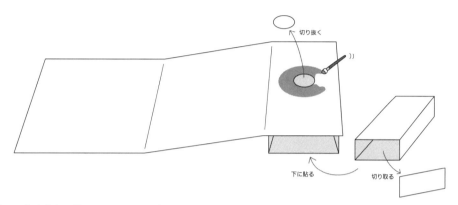

④ 色画用紙を使って旗を作り、棒につけて、穴の部分に立てる。
⑤ 型紙の「足形」を2セット、厚紙に拡大コピーし、色をぬって切り取り、②の段ボールをつけた反対側の左右に貼る。
⑥ 型紙の「草」を拡大コピーして切り取り、緑色や黄緑色の色画用紙に輪郭を写して切り取り、③のグリーンの両サイドに貼る。

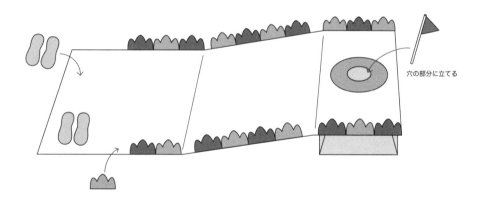

●パターとボール

① トイレットペーパーの芯をセロハンテープなどで4〜5個つなげ、折り紙を貼る。

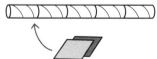

② ①とは別の芯に折り紙を貼り、端の方に①が入る大きさの穴を開けてさし込んで固定する。もう一方の先端はつぶしてのりでとめる。

③ P.7の「ボール」と同じ作り方で、ボールを作る。

 エアホッケー

<主な材料>
型紙、コピー用紙、折り紙、トイレットペーパーの芯、カップ焼きそばなどの容器（丸いタイプのもの）、モール、クッションペーパー（網目状の緩衝材）、段ボール、長テーブル

●台

① トイレットペーパーの芯に、折り紙を貼る。

② 型紙の「エアホッケーの模様」をコピーして切り取り、色をぬって①に自由に貼りつける。

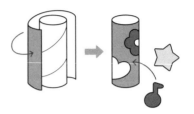

③ 長テーブルを３つくらいつなげ、人が立つ左右を開けてゴール部分を作り、②をテーブルのゴール以外のまわりに両面テープで貼りつける。

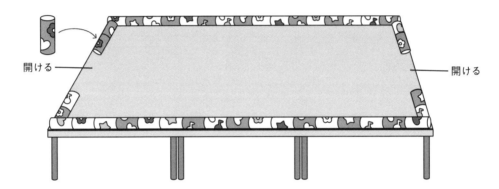

開ける　　　　　　　　　　　　　　　　　　　　　　開ける

④ ③とは別の芯に折り紙を貼り、台のセンターの左右に貼って固定し、クッションペーパーを張る。

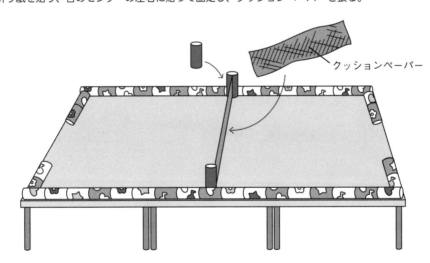

クッションペーパー

●マレット（持ち手）

カップ焼きそばなどの容器（丸いタイプのもの）の底の中心２箇所に穴を開け、モールを通して内側でとめる。

モール　　　　　　　　　　　【内側】　　とめる

●パック（円盤）

型紙の「パックの模様」をコピーして色をぬって切り取り、同じ大きさに切った段ボールに貼る。

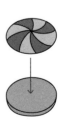

＜主な材料＞ ペットボトル（円柱タイプのもの）、カッティングシート、色画用紙

● ピン

① ペットボトルの上の方2箇所に、ビニールテープを巻く。
② カッティングシートを好きな形に切って、①に貼る。

③ 色画用紙を細長くちぎって、②に入れ、ふたをする。

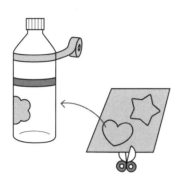 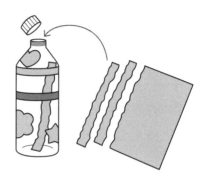

● ボール　P.7の「ボール」と同じ作り方で、ボールを作る。

「ゲームセンターごっこ」のそれぞれのあそびは、いくつかのチームに分かれて、時間を決めてチームごとに競うゲームあそびに発展しても、おもしろいでしょう。

的入れ

4つのチームに分かれ、的から2〜2.5mくらい離れたところにラインを引き、時間内でチームごとにいくつ玉が入るかを競います。

ボウリング

いくつかのチームに分かれ、ピンから3mくらい離れたところにラインを引き、チームごとにいくつ倒せるかを競います。

発展あそび

「ゲーム」をテーマに、ここでは、みんなで楽しめるゲーム性のある歌あそびを紹介します。スリルを味わいながら、ふたり組になる歌あそびです。

川の岸の水ぐるま
わらべうた

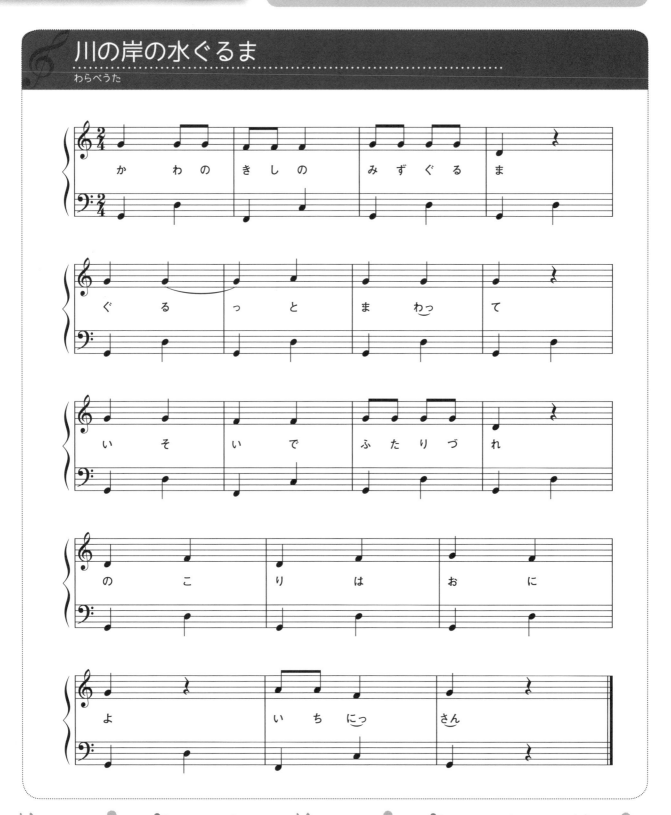

あそびかた

★奇数人数であそびます。輪になって手をつなぎます。

1 ♪ かわの きしの みずぐるま
　　ぐるっと まわって いそいで
　　ふたりづれ のこりは おによ

歌いながら、右に8歩、左に8歩をくりかえして歩きます。

2 ♪ いちにっさん

急いで相手を見つけてふたり組になります。

3 ふたり組になれなかった子どもはおにになり、輪の真ん中に立ちます。

あそびをくりかえし、また「♪いちにっさん」でふたり組になります。そのとき、おにも誰かとふたり組になります。

余った子どもが次のおにになります。

アドバイス

★ 奇数人数の場合、ひとり余るのでおにになる子どもが出ますが、年少児などの年齢が低い場合は、偶数人数にして、必ずふたり組になれるようにするといいでしょう。
★ となりの人とはふたり組になれない、おには誰とでもふたり組になれるなど、ルールを作ってもいいでしょう。
★ 歌う速さを変えて、変化をつけるとおもしろいでしょう。

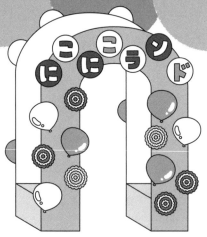

遊園地 ごっこ

| ミラーハウス | コーヒーカップ | 汽車 | ジェットコースター | フードコーナー |

子どもたちが大好きな遊園地を、ごっこあそびにしました。ワクワクドキドキの乗り物や、フードコーナーには、おいしいものもいっぱい！ 全学年で作って、みんなであそびましょう。それぞれの乗り物や食べ物は、「ゆうえんちけっと」を使って、お客さんと遊園地スタッフに分かれて、交代をしながらあそびます。遊園地ごっこという大きなあそびの他に、それぞれの乗り物ごっこや、食べ物を使ったお店屋さんごっことしても、手軽に楽しめます。

ミラーハウス チケット **2** まい

コーヒーカップ チケット **2** まい

きしゃ チケット **1** まい

つかうもの

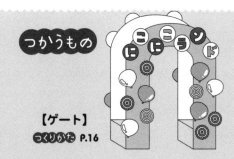

【ゲート】 つくりかた P.16

【チケット】 つくりかた P.16

【汽車】 つくりかた P.16

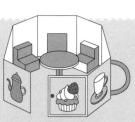

【コーヒーカップ】 つくりかた P.17

あそびかた

- お客さんとスタッフに分かれ、時間を決めて交代します。
- 「ゆうえんちけっと」をひとり8枚など、枚数を決めて配り、枚数内で好きな乗り物に乗ったり、食べ物などを買います。

 型紙 P.94-96

 ゲート

＜主な材料＞
型紙、カラーボール紙、段ボール板、お花紙、コピー用紙、段ボール、模造紙、風船

① 段ボール板にカラーボール紙を貼って、アーチ型のゲートの形を２つ作る。型紙の「にこにこランド」の文字を拡大コピーして色をぬって切り取り、ゲートの上部に貼り、まわりに、風船やお花紙で作った花を貼って飾る。

② 同じ大きさの段ボール２つに模造紙を貼る。①の２つのゲートの間２箇所に段ボールをはさみ、固定する。

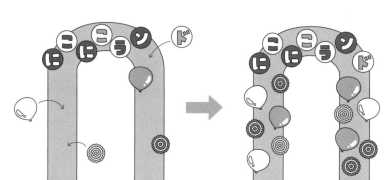

汽車

＜主な材料＞
段ボール板、カラーボール紙、アルミシート、ビニール袋、ティッシュペーパー、いす

ゆうえんちけっと

＜主な材料＞
型紙、厚紙

型紙の「ゆうえんちけっと」を厚紙にコピーし、色をぬって切り取る。

① 段ボール板にカラーボール紙を貼り、汽車の先頭部分を作り、タイヤや汽車の模様、車掌などの絵を描く。

② 煙突をつけ、先端は、アルミシートをつける。ビニール袋にティッシュペーパーを詰めて煙に見立て、煙突につける。

③ ①と同様に乗客車両部分を作り、窓の部分を切って開ける。車両の中に椅子を並べる。

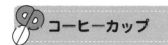 コーヒーカップ

 ＜主な材料＞
段ボール、カラーボール紙、型紙、
コピー用紙、牛乳パック、ボタン

●カップ

① 大きめの段ボールを2つ用意し、天地を切り取って開き、つなげる。

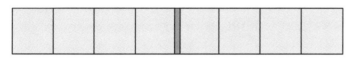

② ①にカラーボール紙を貼り、ドアの部分の枠にビニールテープを貼る。ドアノブに、大きめのボタンをつける。

③ 1箇所に、段ボールで作ったカップの取っ手をつける。まわりには、「コーヒーカップの模様」の型紙を拡大コピーして色をぬって切り取ったものを貼ったり、自由に模様を描く。

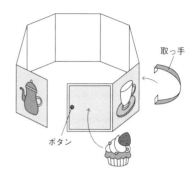

●いすとテーブル

① 牛乳パックをつなげて貼り、いすの形にする。

② 段ボールでテーブルを作る。

③ ①と②に、絵の具にボンドを溶いたものをぬり、乾いたらニスをぬる。

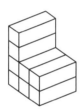  

ミラーハウス

 ＜主な材料＞
型紙、段ボール、ミラーシート、カラー模造紙、コピー用紙

① 子どもが入れるくらいの大きな段ボールを9個用意し、入口から出口までの順路を考慮して組み合わせを考え、各段ボールの不要な面を切り取る。

② ①の段ボールの内側や天井になる部分にミラーシートを貼り、9個の段ボールを貼り合わせる。

③ ②のまわりにカラー模造紙を貼り、型紙の「ミラーハウス」の文字を拡大コピーして色をぬって切り取り、入口近くの面に貼る。また、型紙を使って、入口と出口に「いりぐち」「でぐち」の文字を貼る。

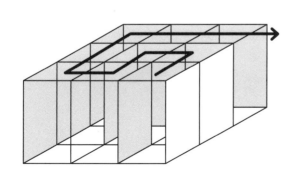 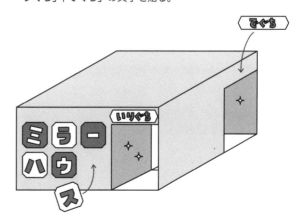

ジェットコースター

＜主な材料＞
段ボール、カラーボール紙、型紙、コピー用紙、ポール、マット、踏み台

① 子どもが入れるくらいの段ボールの天地を切り取って、乗り物の形にし、カラーボール紙を貼る。片側は入口になるように少し開け、前方は丸く切る。段ボールの切り口部分にビニールテープを貼る。

② ①のまわりに、「ジェットコースターの模様」の型紙を拡大コピーして色をぬって切り取ったものを貼ったり、自由に模様を描く。

③ 左右にポールを渡せるように穴を開け、穴のまわりにビニールテープを貼る。穴にポールを通し、抜けないようにする。

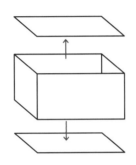
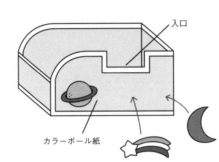
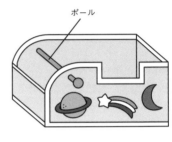

④ ①、②と同様の作り方で三角の形を作り、車両の前に貼る。

⑤ 床にビニールテープで線路を作り、途中にマットを重ねたものを敷いたり、踏み台を置く。ジェットコースターの起点にも、マットを敷く。

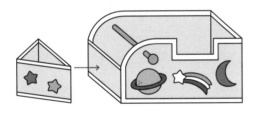
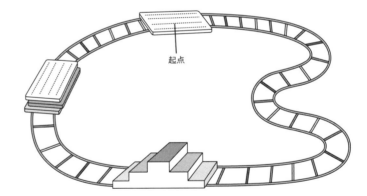

あそびかた

ひとつの車両にひとりずつ入り、先頭の子どもにつながるように線路を進みます。

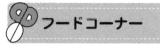 フードコーナー

● ラーメン

<主な材料>
型紙、カラーコピー用紙、コピー用紙、折り紙、お花紙、カップ麺の容器

① カップ麺の容器に、茶色のお花紙を敷くように入れる。型紙の「麺」を黄色のカラーコピー用紙に拡大コピーし、線を切って容器に入れる。

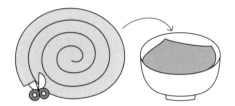

② 型紙の「なると」をコピーして切り取り、色をぬる。また、緑色や黒の折り紙で、ほうれん草やのりを作る。①に、なると、ほうれん草、のりを載せる。

● ポップコーン

<主な材料>
紙コップ、お花紙、折り紙、牛乳パック、箱

① 白いお花紙と、黄色い折り紙を小さくちぎり、丸める。

② ①を浅く大きめの箱にたくさん入れる。牛乳パックで作ったスコップで、注文のあるたびに紙コップに入れる。

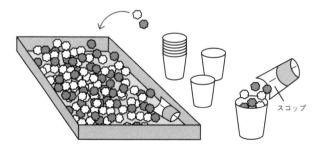

<スコップ>
牛乳パックを切ったものを少し折り曲げる。
牛乳パックを小さく切り、折り紙を貼ったものをつける。

● ホットドッグ

<主な材料>
折り紙、画用紙、色画用紙、カラーコピー用紙、カラー模造紙

① 赤い折り紙を巻いて両端をつぶしてとめ、ソーセージを作る。また、白い画用紙と黄色い色画用紙でスライスゆで卵を作ったり、緑色や黄緑色の色画用紙でスライスきゅうりを作る。

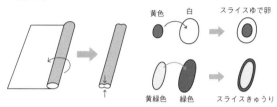

② B5サイズの茶色のカラーコピー用紙を3つ折りにしてパンの形を作ってとめ、①のソーセージや、ゆで卵、きゅうりをはさむ。それをカラー模造紙で作った包み紙で包む。

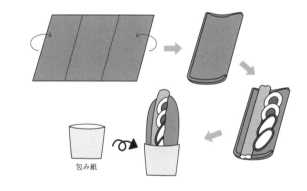

● ジュース

<主な材料>
プラスチックのコップ、お花紙、カッティングシート、ストロー

① カッティングシートを好きな形に切って、プラスチックのコップに貼る。

② お花紙をくしゃくしゃにしたものをコップに入れ、ストローをさす。

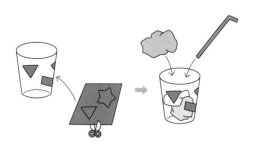

発展あそび

遊園地の「汽車」に乗って、みんなで「♪汽車ポッポ」の歌を歌って、気分を盛り上げましょう。

発展あそび 2

「乗り物」をテーマにした、発展あそびを紹介します。
ジャンケンをして列車をつなげていくゲームあそびです。

ジャンケン列車

1 クラス全員であそびます。
バラバラになっている状態でそれぞれ相手を見つけ、ふたりでジャンケンをします。

2 ジャンケンに負けた人は、勝った人の股の間を前からくぐった後、肩につかまってつながります。

3 次の相手を見つけ、先頭の人同士でジャンケンをします。負けた人は、勝ったグループ全員の股の間のトンネルをくぐって、さらに後ろにつながります。
くぐるのは、ジャンケンをして負けた人だけで、その後ろにいた人は、くり上がって先頭になり、次の相手を探しに行きます。

4 先に5人つながったグループの勝ちです。

お祭りごっこ

おみくじ　金魚すくい　輪投げ　段ボール空気砲　屋台

牛乳パックで作った大きな鳥居をくぐれば、そこは、夢が広がるお祭りワールド。金魚すくいをしたり輪投げをしたり・・・。お祭りの定番屋台の、たこ焼きや焼きそばといった食べ物もあります。全学年で作って、みんなでお祭りごっこを楽しみましょう。お祭りごっこという大きなあそびの他に、おみくじごっこや輪投げごっこ、食べ物を使ったお店屋さんごっことしても、あそべます。最後はみんなで「♪お祭りワンダーランド」を歌って、盛り上がりましょう。

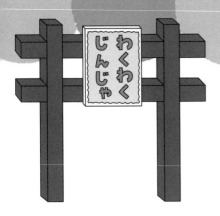

つかうもの

【鳥居】つくりかた P.24

【チケット】つくりかた P.24

【おみくじ】つくりかた P.24

あそびかた

- お客さんとスタッフに分かれ、時間を決めて交代します。
- 「おまつりチケット」をひとり8枚など、枚数を決めて配り、枚数内で好きなあそびをしたり、食べ物などを買います。

【金魚すくい】
つくりかた P.25

【輪投げ】
つくりかた P.25~26

【段ボール空気砲】
つくりかた P.26~27

【屋台】
つくりかた P.27~29

鳥居

＜主な材料＞
型紙、牛乳パック、カラーボール紙、段ボール紙、コピー用紙、アルミホイル

① 牛乳パックを組み立てて、鳥居の形にして貼り合わせ、全体をカラーボール紙で貼る。

② 段ボール紙に色画用紙を貼る。型紙の「わくわくじんじゃ」の文字を拡大コピーして色をぬり、切り取ったものを段ボール紙に貼る。まわりにアルミホイルを貼る。

③ ①の上部に②をつけ、鳥居を床に固定する。

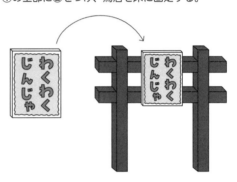

おまつりチケット

＜主な材料＞
型紙、厚紙

型紙の「おまつりチケット」を厚紙にコピーし、色をぬって切り取る。

おみくじ

＜主な材料＞
型紙、段ボール、カラーボール紙、折り紙、コピー用紙

① 大きめの正方形の段ボールにカラーボール紙を貼り、上部に穴を開ける。
穴のまわりにはビニールテープを貼る。

② 型紙の「おみくじ」の文字を拡大コピーして色をぬり、切り取ったものを①の側面に貼ったり、自由に模様を描く。

③ 折り紙の裏に「だいきち」「きち」「ちゅうきち」「しょうきち」などの文字を書いて四つ折りにし、②に入れる。

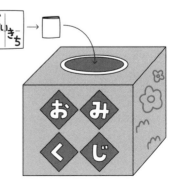

 金魚すくい

<主な材料>
型紙、カラーセロファン、コピー用紙、ティッシュペーパー、和紙、アルミ線、たらい、バケツ

●金魚

① ティッシュペーパーを丸めたものをカラーセロファンで包み、セロハンテープでとめる。

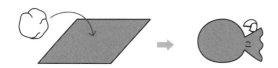

② 型紙の「金魚の目」をコピーして切り取り、①の金魚の両目になるように貼る。

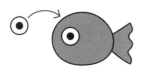

●ポイ（すくうもの）

① アルミ線を使ってポイの形を作り、持ち手をビニールテープで巻く。

② ①の輪の部分に和紙を貼る。

※作った金魚は大きなたらいに入れる。また、すくった金魚はバケツに入れる。

輪投げ

<主な材料>
型紙、厚紙、段ボール、トイレットペーパーの芯、カッティングシート

●的棒

① トイレットペーパーの芯を2～3本、ビニールテープでつなげる。下の方に、細かく切り込みを入れる。

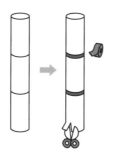

② カッティングシートを好きな形に切って、①に貼る。

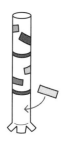

③ 型紙の「輪投げの的の模様」を厚紙にコピーして色をぬり、切り取って②の上につける。

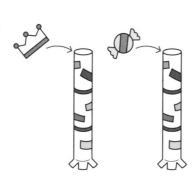

④ トイレットペーパーの芯の切り込みを入れた部分を開き、床にビニールテープで固定する。

●輪

段ボールを細長く切って輪の形にし、ビニールテープを巻く。

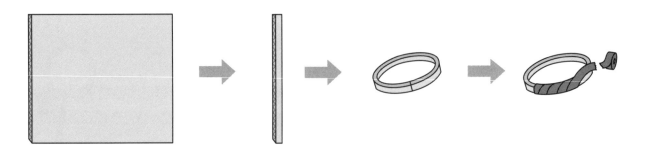

 段ボール空気砲

＜主な材料＞
型紙、模造紙、段ボール、折り紙、コピー用紙、紙皿、洗濯ばさみ、長テーブル

●空気砲

① 段ボール全体に模造紙を貼り、側面に1箇所穴を開ける。

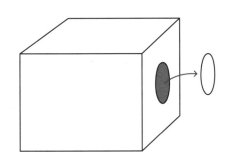

② 折り紙を四つ折りにし、花の形などに切って、①に貼る。

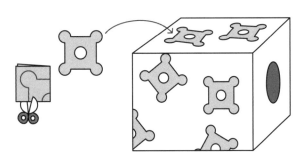

③ 型紙の「手形」を拡大コピーして色をぬり、切り取って②の手でたたく位置（空気を押し出す位置）2箇所に貼る。

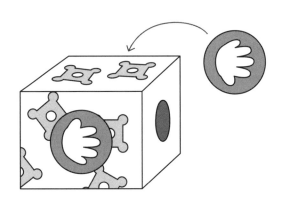

● 的

型紙の「段ボール空気砲の的の模様」を拡大コピーして色をぬり、切り取って紙皿に貼る。または、紙皿に自由に絵を描く。

あそびかた

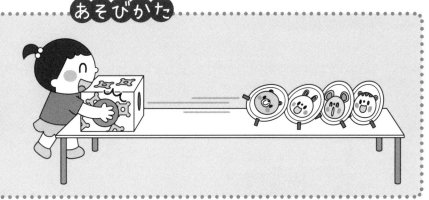

洗濯ばさみを2つ使って紙皿を立てて長テーブルに並べます。

空気砲は穴を紙皿に向けて置き、両手で段ボールの横をたたいて空気を出して紙皿を倒します。

屋台

● たこ焼き

＜主な材料＞
牛乳パック、ティッシュペーパー、和紙、色画用紙、茶封筒、つまようじ

① 牛乳パックを下記のように切り、上の部分を開いて重ねてとめ、たこ焼きの入れものを作る。

上を使う

② 丸めたティッシュペーパーに、茶色い和紙を包んで丸め、セロハンテープでとめる。

③ ①に②を6個並べ、こげ茶色の絵の具にボンドを溶いたものを、たこ焼きの上部にぬり、ソースにする。

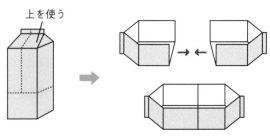

④ 薄い色の茶封筒を細かく切ってもみ、かつお節を作る。また赤色と緑色の色画用紙を細かく切り、紅しょうがと青のりを作り、③のソースが乾かないうちにふりかける。たこ焼きのひとつに、つまようじをさす。

● 焼きそば

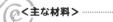
＜主な材料＞
毛糸、色画用紙、画用紙、
発泡スチロールのトレイ

① 黄緑色、オレンジ色、ピンク色、茶色などの色画用紙を切って、キャベツ、にんじん、ハム、肉などを作り、茶色か黄色の毛糸で作った麺に混ぜ、発泡スチロールのトレイに入れる。

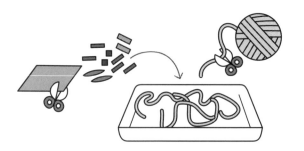

② P.27の「たこ焼き」と同様の作り方で作った、紅しょうがや青のりをかける。

③ 画用紙と黄色い色画用紙で目玉焼きを作り、②に載せる。

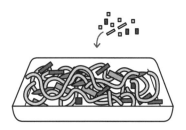
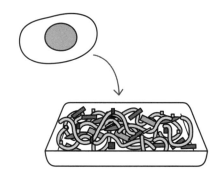

● たい焼き

＜主な材料＞
白ボール紙、新聞紙、
障子紙、油紙

① 白ボール紙をたい焼きの形に切り、その上に、くしゃくしゃにした新聞紙を乗せて形を整え、とめる。

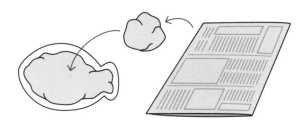

② 障子紙を切ったものを張り子のように①に貼りつける。また、細く切った障子紙を細長く丸め、「く」の字型にして口の部分に貼る。

③ 乾いたら黄土色の絵の具で②をぬり、こげ茶色で目やうろこを描く。

④ 油紙で作った袋に③を入れる。

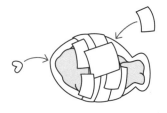

● チョコバナナ

<主な材料>
折り紙、新聞紙、色画用紙、割りばし、ビニール袋、モール

① 新聞紙を折りたたんだものに割りばしをつけて巻き、とめる。

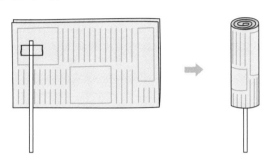

② 黄色い折り紙を半分にし、①に巻いてのりづけし、上下をねじってとめる。

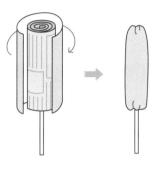

③ 茶色い絵の具とボンドを溶いたものを②の上部につける。同様に、白い絵の具、ピンクの絵の具でも作る。

④ 数種類の色画用紙を細かくし、乾かないうちに③にふりかける。

⑤ ④が乾いたらビニール袋に入れ、短く切ったモールでとめる。

● かき氷

<主な材料>
プリンのカップ、綿、色画用紙、ビニール袋、モール

① プリンのカップに綿を詰め、上部に絵の具をぬる。

② 色画用紙でかき氷のスプーンを作る。

③ ビニール袋に①と②を入れ、短く切ったモールでとめる。

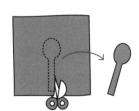

発展あそび

お祭りごっこを楽しんだら、みんなで「♪ お祭りワンダーランド」を歌って、盛り上がりましょう。打楽器などをたたきながら歌っても、楽しいでしょう。

お祭りワンダーランド
作詞：平多文紀／作曲：五十嵐 洋

郵便ごっこ

ポストから手紙を回収する人、手紙を仕分けする人、消印スタンプを押す人、配達する人と、役割分担を決めて、みんなで協力しながら、郵便ごっこを楽しみます。文字が読み書きできる5〜6歳児の学年全体であそびます。友だちに書いた手紙が、どういう流れで届くのか、郵便のしくみを、ごっこあそびを通して知ることができます。また、郵便というテーマを通して、みんなで協力し合うことで、社会性を育みます。

1 【事前準備①】
他のクラスの友だちに手紙を書く

2 【事前準備②】切手を貼る

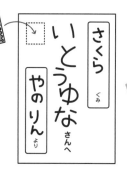

3 【事前準備③】
郵便ポストに投函する

4 郵便ポストから手紙を回収する
郵便ポストに投函された手紙を回収ボックスに入れます。

つかうもの

【はがき】
つくりかた P.34

【切手】つくりかた P.34

【郵便ポスト】
つくりかた P.34

あそびかた

- あらかじめ、他のクラスの友だちに手紙を書いて切手を貼り、ポストに投函します。
- 次のように役割分担を決めて、郵便ごっこあそびをします。
  ①ポストから手紙を回収する人　②手紙を宛名のクラスに分ける人
  ③消印スタンプを押す人　④手紙を配達する人

7 手紙を配達する
それぞれのクラスのロッカーの上などに、お道具箱を置いておき、お道具箱に書かれた名前を見て、同じ宛名を探して手紙を入れます。

6 消印スタンプを押す
切手の上に消印スタンプを押します。

5 手紙を宛名のクラスに分ける
宛名のクラスごとに入れものを決め、それぞれのクラスごとに手紙を分けます。

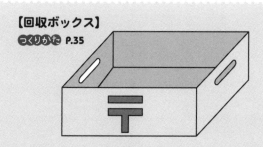

【回収ボックス】
つくりかた P.35

【消印スタンプ】
つくりかた P.35

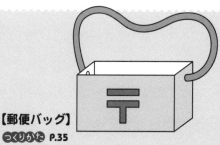

【郵便バッグ】
つくりかた P.35

はがき

<主な材料> 型紙、厚紙

型紙の「はがき」を厚紙にコピーし、切り取る。

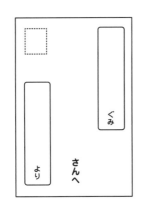

切手

<主な材料> 型紙、コピー用紙

型紙の「切手」をコピーし、色をぬって切り取る。

郵便ポスト

<主な材料> 型紙、段ボール、色画用紙、コピー用紙、割りピン

① 大きめの段ボールを用意し、段ボール全体に赤い色画用紙を貼り、上部に手紙を入れる窓を作る。

② ①の裏側になる部分に、手紙を取り出せるように扉を作り、開閉できるように段ボールでとめ板を作って、割りピンでとめる。

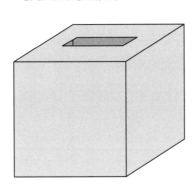

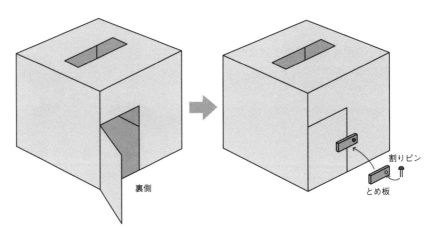

③ 型紙の「郵便マーク」と「郵便イラスト」を拡大コピーし、色をぬって切り取り、②の正面に貼る。

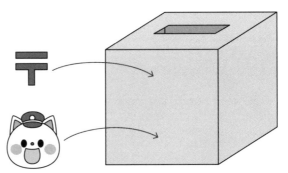

回収ボックス

<主な材料>
型紙、段ボール、色画用紙、コピー用紙

① 取っ手のある段ボールの開閉部分を切り取り、まわりに赤い色画用紙を貼る。

② 側面に、型紙の「**郵便マーク**」を拡大コピーし、色をぬって切り取ったものを貼る。

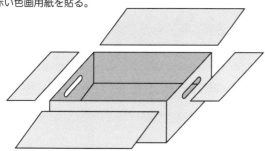
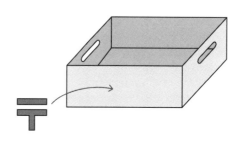

消印スタンプ

<主な材料>
ピーマン・オクラ・ブロック・ペットボトルのふたなど空洞のあるもの、スタンピング皿、スポンジ

① 野菜は、断面が出るように切る。

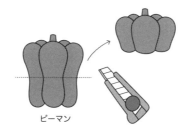

オクラ　　ピーマン

② スタンピング皿にスポンジをセットし、濃いめに水で溶いた絵の具を染み込ませる。ひとつの皿に一色で、2〜3色分の皿を用意する。

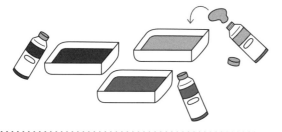

あそびかた

断面を切った野菜やブロック、ペットボトルのふたなどに絵の具をつけ、スタンプのようにはがきの切手部分に押します。

郵便バッグ

<主な材料>
型紙、ティッシュペーパーの箱、色画用紙、コピー用紙、リボン

① ティッシュペーパーの箱の側面を1面切り取り、まわりに色画用紙を貼る。

② ①の切った面を上にして、型紙の「**郵便マーク**」を拡大コピーし、色をぬって切り取ったものを横面に貼る。

③ 両側に1箇所ずつ穴を開け、リボンを通して、内側でとめる。

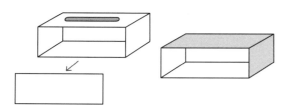
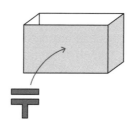
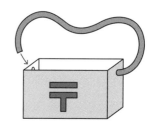

郵便ごっこであそんだら、最後はみんなで「♪ やぎさんゆうびん」の歌あそびをしましょう。

やぎさんゆうびん
作詞：まど みちお／作曲：団 伊玖磨

ふたり組になって向かい合います。Aがくろやぎさん、Bがしろやぎさん役です。

1 ♪ しろやぎさんから
　　おてがみ ついた

Bの子がAの子に手紙を渡す真似をし、Aは受け取る真似をします。

2 ♪ くろやぎさんたら
　　よまずに たべた

Aは手紙を食べる真似をし、Bは歌いながら揺れます。

3 ♪ しかたがないので
　　おてがみ かいた

Aは手紙を書く真似をします。Bは **2** と同じ動きをします。

4 ♪ さっきのてがみの
　　ごようじ なあに

Aは片手をあごに、もう片方の手をひじにあて、考える真似をします。Bは **2** と同じ動きです。

＜２番は、AとBを交代して、同様に行います。＞

忍者ごっこ

保育者の「忍者修行に行くぞ！」の呼びかけで、みんなで忍者になりきって、修行に出かけます。修行といっても、簡単なあそびを忍者になりきって行うだけです。でも、どんなあそびでも修行と称して行えば、子どもたちは大喜び。なんでも修行にできちゃいます。いろいろな術を使って、忍者修行をクリアできたら、最後に「にんじゃにんていしょう」をあげましょう。

あそびかた

- 忍者の格好をし、「忍者修行に行くぞ！」と保育者が呼びかけ、いろいろな修行を行います。ここで紹介した以外のあそびなどでも、修行にできます。
- 忍者修行をクリアできたら、「にんじゃにんていしょう」をひとりずつ渡します。

★ 壁づたいの術

足音を立てず、忍び足で壁づたいに移動します。

★ 四つんばいの術

四つんばいで進みます。

つかうもの

【忍者の服】つくりかた P.40

【剣】つくりかた P.40

【しゅりけん】つくりかた P.40

【にんじゃにんていしょう】つくりかた P.40

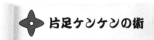
片足ケンケンの術

片足ケンケンで進みます。

姿かくしの術

保育者の合図で、カーテンや本棚などの物かげに隠れます。

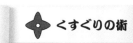
くすぐりの術

友だちとくすぐり合います。

しゅりけん飛ばしの術

ラインを決めて、どこまでしゅりけんを飛ばせるか、競います。

  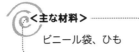

忍者の服

<主な材料> ビニール袋、ひも

① 大きめの黒いビニール袋を用意し、顔と両手が出るように穴を開ける。

② ①を着たら、腰に黒いひもを巻いて結ぶ。

③ 頭の大きさに合わせて黒いビニール袋を三角に切り、ほっかむりのようにして、あごで結ぶ。

剣

<主な材料> 色画用紙、新聞紙、段ボール

① 数枚重ねた新聞紙を丸め、色画用紙で包んでとめる。

② 丸く切った段ボールに色をぬり、センターにいくつか切り込みを入れて、①をさし込む。

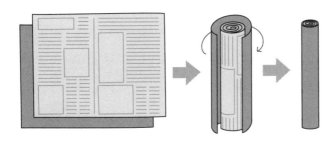 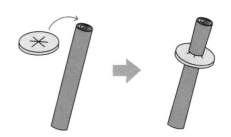

しゅりけん

<主な材料> 型紙、厚紙

型紙の「しゅりけん」を厚紙にコピーし、色をぬって切り取る。

にんじゃにんていしょう

<主な材料> 型紙、厚紙

型紙の「にんじゃにんていしょう」を厚紙に拡大コピーし、色をぬって切り取る。名前の部分には、子どもの名前を書く。

発展あそび 1

忍者ごっこの発展的なあそびを紹介します。ゲーム感覚で、さらに忍者気分を盛り上げましょう。

忍者でにん！

1 最初に保育者が「忍者でにん！」と言いながら、忍者ポーズをし、子どもたちも真似をします。

2 保育者が「頭しゅりけん！」と言いながら、子どもたちの頭の上に、しゅりけんを飛ばす真似をし、子どもたちはそれをよけるように、頭を沈めます。

3 保育者が「足しゅりけん！」と言いながら、子どもたちの足もとにしゅりけんを飛ばす真似をし、子どもたちはそれをよけるように、ジャンプします。

アドバイス

保育者が「足しゅりけん！」と言いながら、頭の上にしゅりけんを飛ばす真似をするなど、わざと間違えてもおもしろいでしょう。

あそびかた

1 ♪ にんにんにんにん にんじゃ

忍者のポーズをします。

2 ♪ ソーッと ソーッと

足音を立てずに、忍び足で歩きます。

3 ♪ ささささ

小さい歩幅で速く歩きます。

4 ♪ シャカシャカ シャカシャカ

大きい歩幅で走ります。

5 ♪ ササササ

3 と同じ動きです。

< **4** **5** <くりかえし>

6 ♪ しっしっ

音を立てずに、両足で跳びます。

7 ♪ しっしっしっ

音を立てずに、片足でケンケンをします。

8 ♪ しのびあし

2 と同じ動きです。

アドバイス

あそびに慣れてきたら、少しずつテンポアップして、うまくできた人が勝ちというゲームにしてもおもしろいでしょう。

お泊まりごっこ

みんなでカレーライスを作って、「いただきます」とあいさつして食べ、歯をみがき、「お休みなさい」とあいさつして布団で寝ます。朝になったら「おはよう」のあいさつで起き、顔を洗って歯をみがき、体操をします。子どもにとってお泊まり保育は、ワクワク楽しみな出来事です。実際のお泊まり保育への期待感を高めるようなごっこあそびを楽しみましょう。また、一連のあそびを通して、あいさつの習慣を身につけます。

あそびかた

- カレーライスを作って、食べる真似をします。
- 歯ブラシを作って、歯をみがく真似をします。
- 「お休みなさい」のあいさつをして、布団で寝る真似をします。
- 「おはよう」のあいさつで、起きます。
- 顔を洗って、歯をみがきます。
- 体操をします。

元気もりもり！子ども大好き
❶ カレーライスを作って食べよう！

カレーライスを作り、「いただきます」とあいさつして、食べる真似をします。

やっつけろ！バイキンくん
❷ 歯ブラシを作って歯をみがく

歯ブラシを作り、歯をみがく真似をします。

つかうもの

【カレーライス】
つくりかた P.46

【スプーン】
つくりかた P.46

【歯ブラシ】
つくりかた P.46

💬 ママがいなくても平気かな？

● 布団で寝る

「お休みなさい」とあいさつして、布団で寝ます。

💬 みんなとなら大丈夫！

● 起きる

「おはよう」とあいさつして、起きます。

💬 おうちでやっているかな？

● 顔を洗って歯をみがく

水道で顔を洗う真似をしたり、歯をみがく真似をします。

💬 からだが元気になるぞ！

● 体操をする

ラジオ体操や、好きな体操をします。

カレーライス

<主な材料>
型紙、キッチンペーパー、ティッシュペーパー、色画用紙、画用紙、コピー用紙、紙皿

① ティッシュペーパーを丸め、それをキッチンペーパーで包んで、ライスを作り、紙皿に貼る。

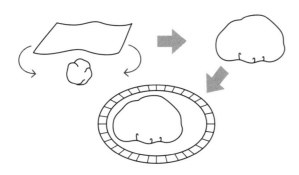

② 茶色の色画用紙でカレーを作り、①のライスにかぶせる。型紙の「たまねぎ」「にんじん」「じゃがいも」をコピーして色をぬり、切り取ってカレーに貼ったり、P.19と同様の作り方で作った、スライスゆで卵を飾る。

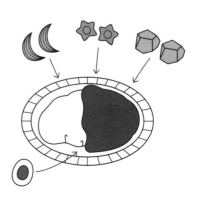

スプーン

<主な材料>
型紙、厚紙、アルミホイル

型紙の「スプーン」を厚紙にコピーして切り取り、全体にアルミホイルを巻く。

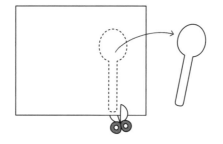
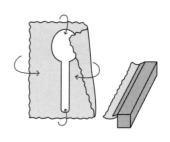

歯ブラシ

<主な材料>
型紙、折り紙、紙テープ、コピー用紙、割りばし

① 1辺を5〜6cmくらいに切った折り紙を2枚重ねて半分に切り、割りばしの間にはさんでとめる。

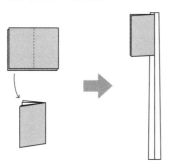

② はさみで細かく切り線を入れ、ブラシのようにする。

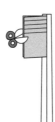

③ 割りばしを紙テープで巻いてとめ、型紙の「歯ブラシの模様」をコピーし、色をぬって切り取ったものを貼る。

カレーライスを作って食べる真似をしたら、発展あそびとして、ぜひ「♪ カレーライスのうた」の歌あそびをしてみましょう。

カレーライスのうた
作詞：ともろぎゆきお／作曲：峯 陽

あそびかた

1番

1 ♪にんじん

両手をチョキにして左右にふります。

2 ♪たまねぎ

両手を合わせて、たまねぎの形を作ります。

3 ♪じゃがいも

両手をグーにして左右にふります。

4 ♪ぶたにく

人さし指で鼻を押してブタの真似をします。

5 ♪おなべで

両手で鍋の形を作ります。

6 ♪いためて

片手を鍋に入れ、かき混ぜる真似をします。

7 ♪ぐつぐつ にましょう

ぐつぐつ煮えているように、両手の指を動かします。

2番

8 ♪おしお

両手で塩のびんをふって、鍋の中に入れる真似をします。

9 ♪カレールー

両手で四角いカレールーの形を作ります。

10 ♪いれたら

カレールーを鍋に入れる真似をします。

11 ♪あじみて

右手の人さし指をなめる真似をします。

12 ♪こしょうを いれたら

8 と同じ動きです。

13 ♪はい できあがり

5回手をたたきます。

14 ♪（どうぞ）

両手のひらを上に向けて、前にさし出します。

3番

15 ♪ムシャムシャ モグモグ

片手を開いてお皿にし、もう片方はスプーンを持って食べる真似をします。

16 ♪おみずも ゴクゴク

片手でコップを持って水を飲む真似をします。

17 ♪そしたら

右手をグーにして上に上げます。

18 ♪ちからが

左手もグーにして上に上げます。

19 ♪もりもり わいてきた

両手の腕をグルグルと大きくまわします。

20 ♪（ポーズ）

元気よくガッツポーズをします。

ファッションショーごっこ

カラービニール袋を使って、思い思いの服を作ります。その後は、自分で作った服を身につけてモデルになりきり、花で飾ったランウェイをひとりずつ気取りながら歩き、ポーズをとってファッションショーごっこです。最後は、「♪さんぽ」の歌に合わせて、みんなでランウェイを歩きます。参観日などに、親子でやっても楽しいですね。

1 自分のお気に入りの服を作る

2 ランウェイを作る

つかうもの

【服】
つくりかた P.52

【帽子や髪飾り】
つくりかた P.53

【ランウェイ】 つくりかた P.53

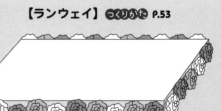

あそびかた

- カラービニール袋を使って、自分のお気に入りの服を作ります。
- ランウェイ（モデルが歩くステージ）を作ります。
- 自分で作った服を着て、ランウェイをひとりずつ気取りながら歩き、ポーズをとります。
- 最後は全員で登場し、「♪さんぽ」の歌を歌いながら、みんなでランウェイを歩きます。

3 ひとりずつ登場し、ポーズをとる

4 みんなで登場！

 服

<主な材料>
型紙、カラービニール袋、色画用紙、コピー用紙

① 大きめのカラービニール袋を用意し、顔と両手が出るように穴を開ける。

② 別のカラービニール袋を使って、①にそでをつけたり、えりをつけたり、スカートやズボンをつけたりして、自分の好きな形を自由に作る。

オシャレTシャツ / 襟付きシャツ / わんぱく上下セット
冒険風シャツ / ワンピース / ふりふりスカート

③ 型紙の「服の模様」を拡大コピーし、色をぬって切り取ったものや、色画用紙を好きな形に切ったものを②に貼って、模様を作る。

 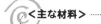

<主な材料>
色画用紙、カラービニール袋、お花紙など

色画用紙で帽子を作ったり、カラービニール袋でリボンやバンダナを作ったり、お花紙で髪飾りを自由に作る。

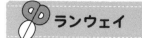 

<主な材料>
お花紙、巧技台・マットなど

巧技台やマットを並べてランウェイを作り、まわりにお花紙で作った花を飾る。

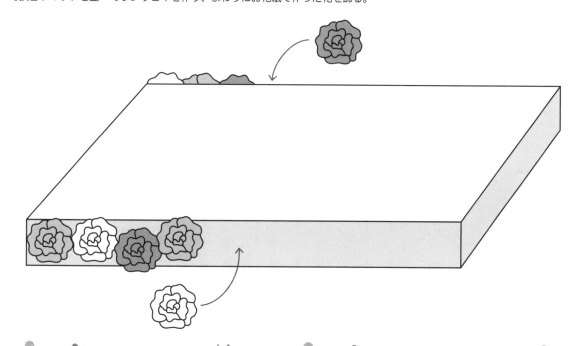

さんぽ
作詞：中川李枝子／作曲：久石 譲

みんなでランウェイに登場する際には、「♪ さんぽ」を歌いながら、リズミカルに歩きましょう。

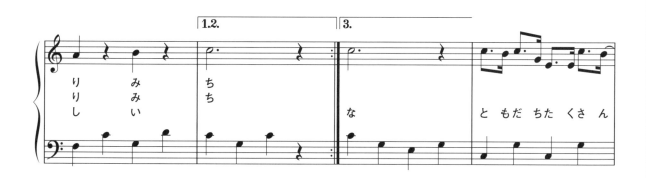

探険ごっこ

園内の指定された部屋に行き、保育者を見つけてジャンケンしたり、指定されたボールを探したり、保育者と同じポーズをして、一文字ずつ暗号を書いてもらいます。その暗号が何かを読み解き、宝箱のありかを探します。お泊まり保育のときに、暗い部屋を懐中電灯を持ってまわって、探険気分を盛り上げてもいいでしょう。ワクワクドキドキしながら、探険ごっこを楽しみましょう。

あそびかた

- 5～6歳児の学年全体であそびます。クラス単位で探険に出かけます。「たんけんカード」を首から下げて、クラス全員で指定された部屋に順番に行き、指令をこなし、暗号を書いてもらいます。
- 3つの暗号を書いてもらったら、自分たちの部屋に戻り、暗号を解き、宝箱のありかを突きとめます。なお、暗号はクラスごとに変えます。

指令1 「保育者を見つけ、ジャンケンせよ」

部屋のどこかに隠れている保育者を見つけ、保育者VS子どもたちでジャンケンをします。
勝った子（引き分けの場合も、勝ちとしてもいいでしょう）は、「たんけんカード」に暗号を一文字書いてもらいます。負けた子は、くりかえしジャンケンをし、全員が暗号を書いてもらうまで行います。なかなか勝てない子がいる場合は、保育者が「次は、○○を出すからね」と教えてもいいでしょう。

指令2 「保育者が指定したボールを探せ」

2つ目の部屋にも、ひとつ目とは別の保育者が待機し、あらかじめボールハウスにボールをたくさん入れておきます。子どもたちは、保育者が指定したボールを探し、見つけられたら、2つ目の暗号をカードに書いてもらいます。全員がボールを見つけるまで行います。

つかうもの

【たんけんカード】
つくりかた P.58

【ごほうびシール】
つくりかた P.58

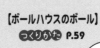
【ボールハウスのボール】
つくりかた P.59

指令3
「保育者と同じポーズをキープせよ」

3つ目の部屋に行ったら、「♪まねっこピーナッツ」（楽譜はP.59）を歌いながら、歌詞の「♪ストップ！」で保育者が自由にポーズをとり、子どもたちは瞬時にそのポーズを真似します。歌詞の「♪ワン・ピーナッツ」「♪ツー・ピーナッツ」「♪スリー・ピーナッツ」が終わるまで、同じポーズをキープできたら、3つ目の暗号をカードに書いてもらいます。

最終指令
「暗号を解き、宝箱のありかを探せ」

① 自分たちの部屋に戻り、3つの文字が何を意味するのか、暗号を解きます。
② 解いた暗号から場所を特定し、宝箱を見つけます。
③ 宝箱の中に入っていた「ごほうびシール」を、「たんけんカード」裏面に貼ります。

つくりかた　型紙 P.103-104

たんけんカード

＜主な材料＞
型紙、厚紙、ひも・リボンなど

① 型紙の「たんけんカード」を厚紙にコピーし、色をぬって切り取り、表裏に貼り合わせる。

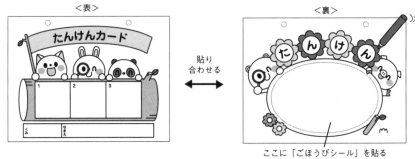

② ①に穴を開け、ひもまたはリボンを通して結ぶ。

ごほうびシール

＜主な材料＞
型紙、シールシート、コピー用紙

① 型紙の「ごほうびシール」をコピーし、色をぬって切り取る。これを4枚分カラーコピーする。

② ①をA4サイズのシールシートにカラーコピーして、1枚ずつ切り取る。

ボールハウスのボール

<主な材料>
型紙、ボールハウス、ボール、シールシート、コピー用紙

① 型紙の「ボールの模様」をコピーし、色をぬって切り取り、シールシートにカラーコピーして、模様を切り取る。
② ①をボールに貼り、ボールハウスに入れる。

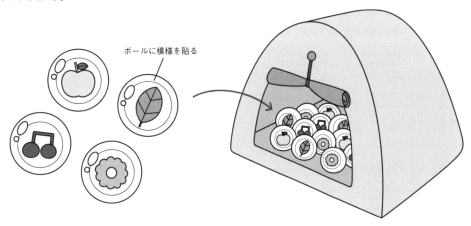

ボールに模様を貼る

まねっこピーナッツ
作詞：NHKエデュケーショナル／作曲：池 毅

イントロ セリフ

「おーす！ おいら、まねっこピーナッツ。よろしくな。
さあ、おいらとまねまねしょうぶをしようぜ。おいらとおなじポーズができるかな？」

おいらとしょうぶだマネマネ!!　いかしたポーズだマネマネ!!

まねまねまねっこピーナッツ!!　ストップ！

ワン・ピーナッツ　ツー・ピーナッツ　スリー・ピーナッツ

バイキングレストランごっこ

レストランのバイキングには、おいしそうな料理がずらりと並んでいて、どれを食べようか、ワクワクするものですね。いろいろな料理をみんなで作って、みんなで食べるごっこあそびです。ここでは、型紙や身近な材料を使って作れる、子どもたちに人気のメニューをいくつかご紹介いたします。どんな料理を作ろうか、子どもたちにアイディアを聞いて、いろいろな料理作りにチャレンジしても楽しいですね。

- サンドイッチ
- サラダ
- スパゲティ
- から揚げ・春巻き・シュウマイ
- お寿司
- デザート

あそびかた

- 作る料理の役割分担を決め、みんなでいろいろな料理を作り、テーブルに並べます。
- 自分が好きなものを自由に取り、食事をする真似をします。

つかうもの

【看板】 つくりかた P.62

【サンドイッチ】 つくりかた P.62

【サラダ】 つくりかた P.62

【ケーキ】 つくりかた P.65

つくりかた 📖 型紙 P.105-106

🎀 看板

＜主な材料＞
型紙、カラーボール紙、コピー用紙、紙テープ、リボン

① 型紙の「看板」を拡大コピーし、色をぬって切り取り、カラーボール紙をつなげたものに貼る。

② ①を壁に貼り、上部を紙テープやリボンで飾る。

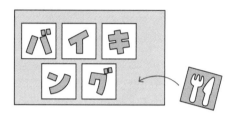

🎀 サンドイッチ

＜主な材料＞
緩衝用スポンジ、折り紙、クレープ紙、紙皿

① 緩衝用の薄めの白いスポンジを三角形や長方形に切り、パンの形を作る。

② ピンク色、黄色、黄土色などの折り紙を、①の形に合わせて折る。黄緑色のクレープ紙も①と同じ大きさに切り、折った折り紙とともに①にはさんでとめ、紙皿に置く。

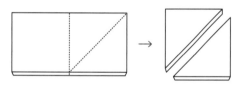
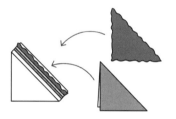

🎀 サラダ

＜主な材料＞
クレープ紙、画用紙、色画用紙、折り紙、紙皿

① 深めの紙皿に、緑色や黄緑色のクレープ紙を葉っぱの形にして重ねて入れる。

② P.19と同様の作り方でスライスゆで卵や、スライスきゅうりを作り、①に載せる。また、$\frac{1}{4}$の大きさの赤い折り紙を三角に折って下記のように切り、白や黄色のクレヨンで模様を描いてトマトを作り、サラダに載せる。

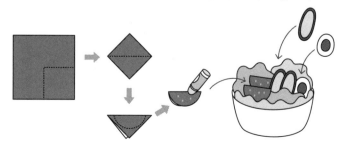

スパゲティ

<主な材料>
型紙、色画用紙、コピー用紙、毛糸、トレー

① オレンジ色の毛糸を、20cm くらいの長さに切る。これをたくさん作り、大きめのトレーに入れる。

② 型紙の「マッシュルーム」をコピーし、色をぬって切り取る。また色画用紙で、ハムやピーマンを作り、①に載せる。

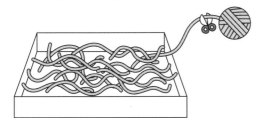
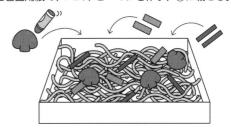

から揚げ・春巻き・シュウマイ

<主な材料>
折り紙、ティッシュペーパー、キッチンペーパー、コピー用紙、クレープ紙、トイレットペーパーの芯、トレー

●から揚げ
ティッシュペーパーを丸め、それを茶色の折り紙でくるみ、裏でとめる。

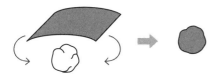

●春巻き
キッチンペーパーを細長く丸め、それを茶色の折り紙で細長く包み、裏でとめる。

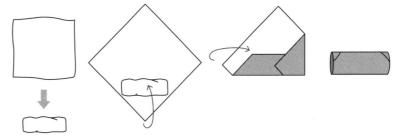

●シュウマイ

① トイレットペーパーの芯を2cmくらいの幅に切り、1箇所を切り開いて直径3cmくらいの輪にしてとめる。

② 1/4の大きさに切った黄土色の折り紙を①に巻いてとめ、それを8cm四方のコピー用紙で巻いて貼る。

③ 1/4の大きさに切った緑色の折り紙を丸め、②の上に貼る。

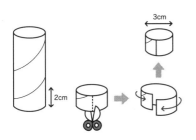
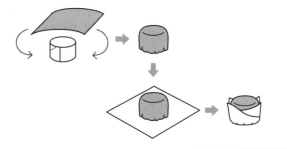

※ クレープ紙でレタスを作って大きめのトレーに敷き、その上に、から揚げ、春巻き、シュウマイを載せる。

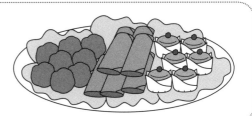

 お寿司

<主な材料>
型紙、色画用紙、折り紙、キッチンペーパー、ティッシュペーパー、コピー用紙、エアーパッキン、紙皿

●握り寿司

① ティッシュペーパーを細長く丸め、それをキッチンペーパーでくるんでとめ、シャリを作る。

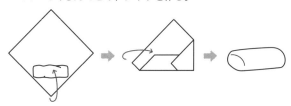

② 下記のサイズに切った赤色やオレンジ色、黄色などの色画用紙にクレヨンなどで模様を描き、まぐろ、サーモン、いか、卵焼きなどのネタを作る。また、型紙の「**えび**」をコピーして、色をぬって切り取る。

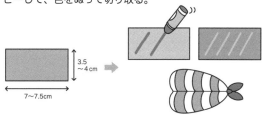

③ ②を少し丸めて丸みをつけ、①のシャリに載せて貼る。いかと卵焼きは、細長く切った黒い色画用紙を巻いてとめる。

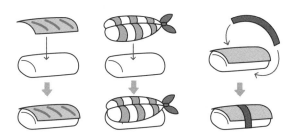

※ 緑色の色画用紙でバランを作り、お寿司とともに紙皿に載せる。

●のり巻き

① 黒い色画用紙を下記のサイズに切り、巻いてとめる。その中に、ティッシュペーパーを詰める。

② 赤色、黄緑色、黄土色などの折り紙を小さく丸く切ったものを①の真ん中に貼る。

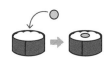

●軍艦巻き

① 黒い色画用紙を下記のサイズに切り、巻いてとめる。その中にティッシュペーパーを詰める。

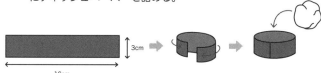

② ①の大きさに切ったエアーパッキンに赤い油性ペンで色をつけ、イクラを作る。P.19と同じ作り方で、スライスきゅうりを作り、イクラとともに①に載せる。また、黄土色の色画用紙を使ってウニを作り、真ん中に模様を描き、きゅうりとともに①に載せる。

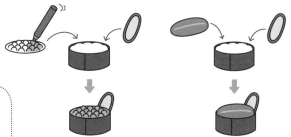

フォーク・トング

<主な材料>
型紙、厚紙、アルミホイル

●フォーク

型紙の「フォーク」を厚紙に拡大コピーして切り取り、全体にアルミホイルを巻く。

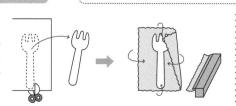

●トング

型紙の「トング」を2枚の厚紙に拡大コピーして切り取り、全体にアルミホイルを巻き、2枚をビニールテープでつなげる。

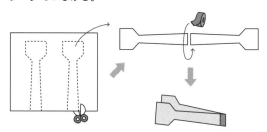

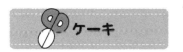 ケーキ

<主な材料>
型紙、折り紙、段ボール板、厚紙、ティッシュペーパー、キッチンペーパー、コピー用紙、紙コップ、毛糸

●いちごのショートケーキ

① 型紙の「ケーキ型」を厚紙にコピーして切り取る。ピンクの折り紙を細く切ったものにくだものの模様を描いて、ケーキの側面に貼ったり、スポンジの部分を黄色くぬり、のりしろ部分を貼って、ケーキの形にする。

② 型紙の「いちご」をコピーし、色をぬって切り取り、赤い折り紙を小さく丸めたものを貼る。ティッシュペーパーを細長くしてねじって①のケーキに貼り、その上にいちごを飾る。

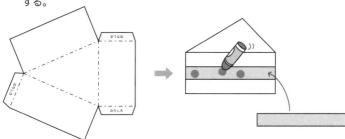
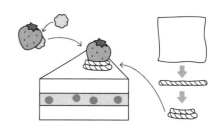

●チョコレートケーキ

① 型紙の「ケーキ型」を厚紙にコピーして切り取る。ケーキ面に茶色くぬったり、茶色い折り紙を貼り、のりしろ部分を貼って、チョコレートケーキにする。

② 段ボール板を四角く切り、茶色くぬって作った板チョコに、茶色い折り紙を小さく丸めたものを貼って、①のケーキに飾る。

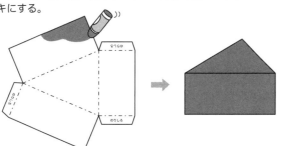
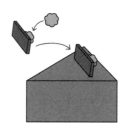

※ 型紙の「ケーキ包み」をコピーし、色をぬって切り取って折り、「いちごのショートケーキ」や「チョコレートケーキ」を包む。

●モンブラン

① 紙コップの下の部分を5cmくらいの大きさに切り取り、折り紙を貼ったり、色をぬったりする。

② ①にキッチンペーパーを詰め、黄色または茶色の毛糸を上に載せる。

③ 型紙の「マロン」をコピーし、色をぬって切り取り、茶色い折り紙を小さく丸めたものを貼る。ティッシュペーパーを細長くしてねじって②のケーキに貼り、その上にマロンを飾る。

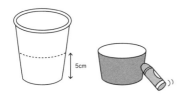

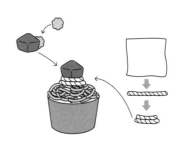

あそびかた

1番

1 ♪ どうして おなかが へるのかな

左右にゆれながら、両手で お腹を軽く4回たたきます。

2 ♪ けんかを すると

両手の人さし指を 交互に打ち合います。

3 ♪ へるのかな

左右にゆれながら、両手で お腹を軽く2回たたきます。

4 ♪ なかよし してても

両手で大きな丸を描きます。

5 ♪ へるもんな

3と同じ動きです。

6 ♪ かあちゃん かあちゃん

両手を口の横にあてて、 お母さんを呼ぶ真似をします。

7 ♪ おなかと

右手でお腹を押さえます。

8 ♪ せなかが

左手で背中を押さえます。

9 ♪ くっつくぞ

両手を合わせます。

2番

★「♪ おやつをたべないと」以外の歌詞の部分は、 すべて1番と同じ動作です。

10 ♪ おやつを たべないと

片手の人さし指と中指をスプーン に見立てて、食べる真似をします。

ショッピングモール ごっこ

アクセサリー	時 計
スマートフォン	おもちゃ
お菓子	パン
ハンバーガーショップ	お 花

ショッピングモールで売られているさまざまなものをみんなで作って、お買い物ごっこを楽しみます。お買い物は、チケット制にして、お客さんとスタッフに分かれて、交代しながらあそびます。ショッピングモールという大きなごっこあそびの他に、それぞれのお店ごとの単体のごっこあそびとしても、手軽に楽しめます。また、ごっこあそびの後は、作ったおもちゃであそんでも楽しいでしょう。

あそびかた

・お客さんとスタッフに分かれ、時間を決めて交代します。
・「チケット」をひとり8枚など、枚数を決めて配り、枚数内で好きなものを買います。

つかうもの

【チケット】
つくりかた P.70

【ゲート】
つくりかた P.70

【時計】
つくりかた P.70

【アクセサリー】
つくりかた P.71

【スマートフォン】
つくりかた P.73

# つくりかた　📖 型紙 P.107-110

ゲート

＜主な材料＞
型紙、カラーボール紙、段ボール板、カラー模造紙、コピー用紙、背の高いポール、風船

① 段ボール板にカラーボール紙を貼って、ゲートの形を作り、型紙の「ショッピングモール」の文字を拡大コピーして色をぬって切り取り、ゲートに貼る。まわりには風船をつける。

② ポールにカラー模造紙を巻きつけて貼り、上部に①のゲートをつける。

おかいものチケット

＜主な材料＞
型紙、厚紙

型紙の「おかいものチケット」を厚紙にコピーし、色をぬって切り取る。

時計

＜主な材料＞
型紙、厚紙、折り紙、色画用紙、トイレットペーパーの芯、空き箱

●腕時計

① 型紙の「腕時計①〜③」を厚紙にコピーし、色をぬって切り取る。

② トイレットペーパーの芯を2cmくらいの幅に切り、1箇所を切り離す。

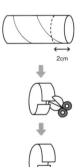

③ ②の全体に折り紙を巻き、①を貼る。

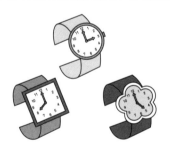

●置時計

① 型紙の「置時計①、②」を厚紙に拡大コピーし、色をぬって切り取る。

② 適当な大きさの空き箱全体に色画用紙を貼り、①を側面に貼る。

 アクセサリー

<主な材料>
型紙、厚紙、折り紙、フェルト、紙粘土、クリップ、ビーズ、ラインストーン、ストロー、ナイロン糸、リボン、トイレットペーパーの芯

●ペンダント（ビーズ型）

① 型紙の「ペンダント①〜③」を厚紙にコピーし、色をぬって切り取る。

② ナイロン糸に短く切ったストローやビーズなどをバランスよく通して結び、ヘッド部分に①をセロハンテープで裏から貼る。

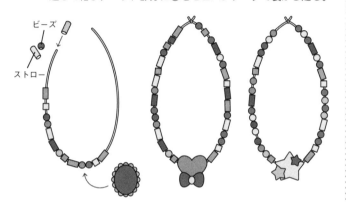

●ペンダント（リボン型）

① 紙粘土で好きな形のペンダントヘッドを作り、上にクリップをさし込む。

② ①の紙粘土が乾いたら、好きな模様を描き、クリップにリボンを通して結ぶ。

●ブレスレット

① 型紙の「ブレスレット①〜③」をコピーして切り取り、フェルトに型をあててえんぴつで形をなぞり、切り取る。これを4つ作る。

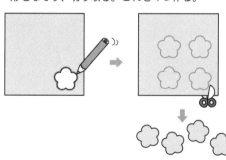

② トイレットペーパーの芯を2cmくらいの幅に切り、1箇所を切り離す。

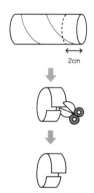

③ ②に①を貼り、フェルトの中心にラインストーンを貼る。

●指輪

① 型紙の「指輪①〜③」を厚紙にコピーし、色をぬって切り取る。

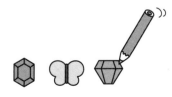

② トイレットペーパーの芯を1.5cmくらいの幅に切り、1箇所を切り離す。それを5cmくらいの長さに切る。

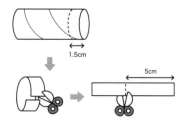

③ ②の全体に折り紙を巻き、指につけられるように丸みをつけ、①を貼る。

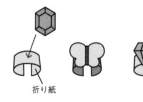

 **おもちゃ**

＜主な材料＞
型紙、ペットボトル（900mlの四角いタイプのもの）、ラップの芯、段ボール板、ストロー、竹ひご、コピー用紙、紙コップ、たこ糸、紙皿、新聞紙、カッティングシート

●車

① ペットボトルの向かい合う2面に好きなようにビニールテープを貼って、模様をつける。

② ラップの芯を2.5cmの幅に切る。これを4つ作り、ペンで色をぬる。

③ 段ボール板を右記の大きさに切る。これを4つ作り、きっちり巻く。巻き終わりと外側にボンドをつけて、②に詰め、車輪にする。

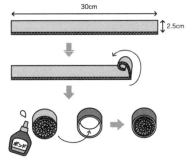

④ ストローをペットボトルと同じ幅に切り、ペットボトルの裏側2箇所に貼る。

⑤ ペットボトルの幅より6cmくらい長い竹ひごを④のストローに通し、左右の先にボンドをつけて、③の車輪をさし込む。

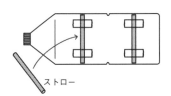
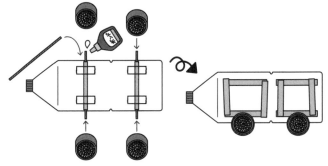

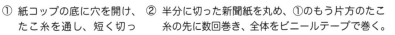

●けん玉

① 紙コップの底に穴を開け、たこ糸を通し、短く切ったストローにたこ糸の先を通して結ぶ。

② 半分に切った新聞紙を丸め、①のもう片方のたこ糸の先に数回巻き、全体をビニールテープで巻く。

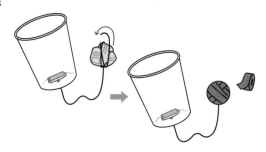

③ 別の紙コップを半分に切り、②の紙コップと底を合わせてビニールテープでとめる。

④ 型紙の「けん玉の模様」をコピーして切り取り、カッティングシートにあてて形を切ったものを③に貼る。

●フリスビー

① 4枚の紙皿を両面テープで貼り重ね、紙皿のふちにビニールテープを貼る。

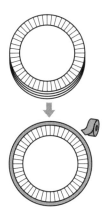

② ①の紙皿の底に好きな模様を描く。

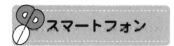 **スマートフォン**

 <主な材料>
型紙、段ボール板、色画用紙、コピー用紙

① 型紙の「スマートフォン」をコピーして色をぬり、切り取る。

② ①と同じ大きさに切った段ボール板に①を貼る。裏面には同じ大きさに切った色画用紙を貼る。

 お花

 <主な材料>
型紙、厚紙、色画用紙、竹ひご、フローラルテープ、ペットボトル（四角いタイプのもの）

● ひまわり、ガーベラ

① 型紙の「ひまわり」「ガーベラ」を厚紙に拡大コピーし、色をぬって切り取る。

② 竹ひごにフローラルテープを巻き、①の花の裏にセロハンテープでとめる。

③ 型紙の「葉っぱ」を緑色の色画用紙にコピーして切り取り、フローラルテープで②の茎につける。

● バラ

① 下記の大きさに切った色画用紙に竹ひごをつけ、ずらしながら巻いてとめる。

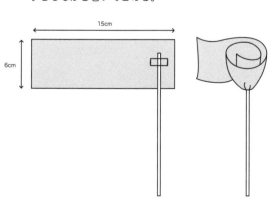

② フローラルテープで竹ひごを巻き、ひまわりなどと同様に、葉っぱをつける。

● 花瓶

10cmくらいの高さに切ったペットボトルの縁にビニールテープを貼る。

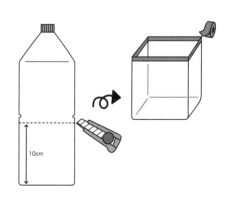

 **お菓子**

<主な材料>
型紙、段ボール板、折り紙、コピー用紙、ティッシュペーパー、カラーセロハン、ビニール袋、モール

●**クッキー、ビスケット**

① 型紙の「クッキー」「ビスケット」を拡大コピーして色をぬり、切り取る。これを2枚ずつ作る。

② ①よりひとまわり小さく切った段ボール板をはさむように①を貼り合わせる。

③ ②をたくさん作り、ビニール袋に入れて、短く切ったモールでとめる。

●**せんべい**

① 段ボール板を丸く切る。

② 茶色い折り紙で①を包み、包み終わりの面に四角く切った黒い折り紙を貼る。

③ ②をたくさん作り、ビニール袋に入れて、短く切ったモールでとめる。

●**キャンディー**

① ティッシュペーパーを小さく丸め、8cm四方に切ったカラーセロハンで包み、ねじってとめる。

② ①をたくさん作り、ビニール袋に入れて、短く切ったモールでとめる。

 **パン**

 ＜主な材料＞
型紙、折り紙、色画用紙、新聞紙、コピー用紙、茶封筒、キッチンペーパー、お椀

●あんパン、メロンパン

① 小さめのお椀に、新聞紙を丸めて詰め込み、丸い形を作る。

② 茶色・黄色の折り紙で①を包み、裏でとめ、パンの形を作る。

③ ②の黄色いパンには、あみ目模様を描いてメロンパンにし、茶色いパンには、黒ごまの模様を描いて、あんパンにする。

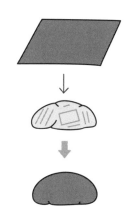

●クロワッサン

① 薄茶色の折り紙にキッチンペーパーをひとまわり小さく折り重ねたものを2～3枚載せ、斜めに巻いてとめる。

② 細長く三角形に切った薄茶色の色画用紙を①に巻き、とめる。左右を少しまげてねじる。

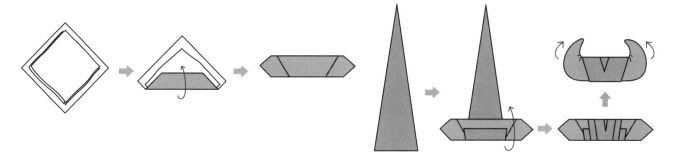

●フランスパン

① 茶封筒に新聞紙を詰め、これを2つ作ってつなげる。四隅を折りたたんでとめる。

② 型紙の「フランスパンの模様」をコピーして切り取り、黄色や茶色の折り紙に形を書き写して切り取り、①に貼る。

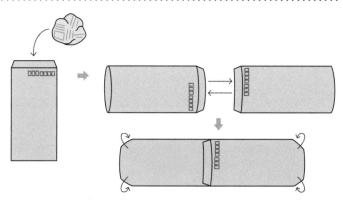

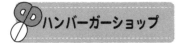

ハンバーガーショップ

＜主な材料＞
型紙、折り紙、段ボール板、新聞紙、厚紙、お花紙、クレープ紙、カラー模造紙、プラスチックのコップ、ストロー、お椀

●ハンバーガー

① 小さめのお椀に、新聞紙を丸めて詰め込み、少し平らな丸い形を作る。これを2つ作る。

② 茶色の折り紙で①を包み、裏でとめ、ハンバーガーのバンズの形を作る。

③ ②の大きさに合うように、段ボール板を丸く切る。これを2つ作る。ひとつは茶色い折り紙で包み、もうひとつは赤い折り紙で包み、裏でとめる。

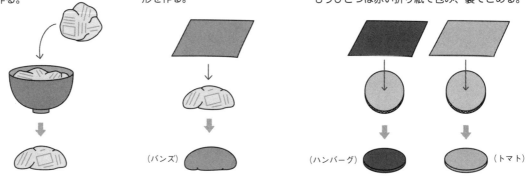

④ 黄色い折り紙の4辺を折り込み、のりで貼り、チーズを作る。また、黄緑色のクレープ紙を②の大きさに合わせて切り、レタスにする。

⑤ ②に③と④をはさみ、のりで固定する。それをカラー模造紙で作った包み紙で包む。

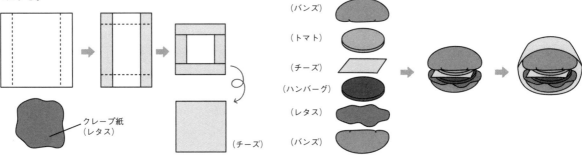

●フライドポテト

① 半分に切った黄色い折り紙を $\frac{2}{3}$ の大きさに切り、折り目をつけて巻き、開いて、三角柱の形になるように貼り合わせ、これをたくさん作る。

② 型紙の「ポテトケース」を厚紙に拡大コピーし、色をぬって切り取り、のりしろを貼って、ケースの形にし、①のポテトを入れる。

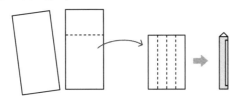

●シェイク

① お花紙をくしゃくしゃにしたものをプラスチックのコップに入れ、ストローをさす。

② ①と同じ色のお花紙を細長くねじり、うず巻き状にしてとめ、①の上に載せる。

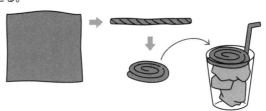

発展あそび 1

ごっこあそびの後は、作ったおもちゃでみんなであそんで楽しみましょう。

車

スタートラインを決め、誰が一番遠くまで走らせることができるかを競います。

フリスビー

ふたり一組になってフリスビーを飛ばしてキャッチし合い、どの組が最後まで落とさずにキャッチできたかを競います。

けん玉

時間を決め、誰が一番多く玉を入れられたかを競います。

発展あそび 2

ショッピングモールのパン屋さんでお買い物ごっこを楽しんだら、イメージを膨らませながら「♪パンやさんにおかいもの」で歌あそびをしましょう。

パンやさんにおかいもの
作詞：佐倉智子／作曲：おざわたつゆき

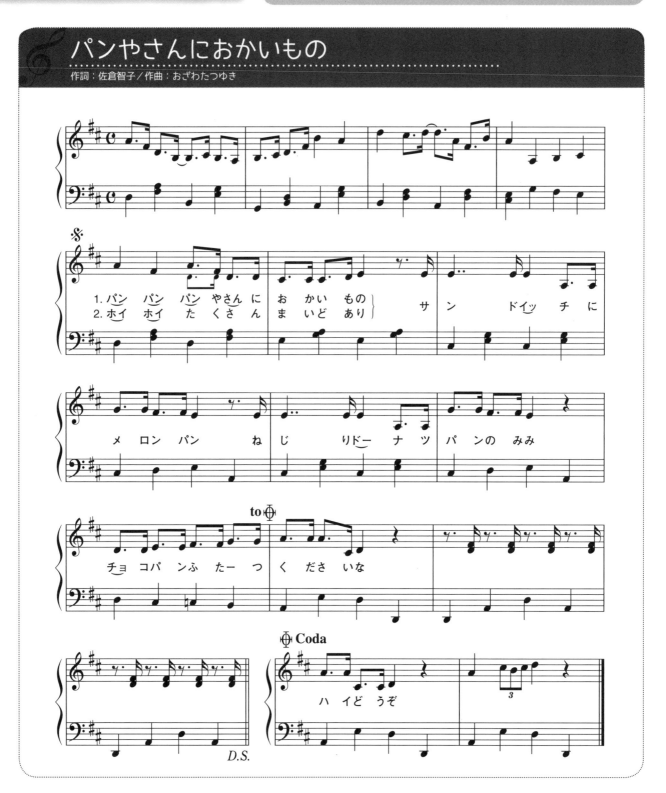

あそびかた

★ふたり一組になり、はじめにパン屋さん役とお客さん役を決めます。

1 ♪（前奏）

向かい合い、自分のまわりを1周します。

2 ♪パンパン パンやさんに おかいもの

リズムに合わせて手をたたきます。

3 ♪サンドイッチに

お客さんはパン屋さんのほっぺを両手でつかみます。

4 ♪メロンパン

パン屋さんの両目をアッカンベーします。

5 ♪ねじりドーナツ

パン屋さんの鼻をつまんでねじります。

6 ♪パンの みみ

パン屋さんの両耳を引っ張ります。

7 ♪チョコパン ふたつ

パン屋さんの両脇の下をくすぐります。

8 ♪くださいな

お客さんは2回手をたたき、パン屋さんの前に両手を出します。

9 ♪間奏

1 と同じ動きです。

＜2番はパン屋さん役とお客さんの役を交代し、1番と同じ動作を行います。＞

砂場で ピザ屋さんごっこ

ごっこあそびは、園庭でもできますね。砂場で、ピザ屋さんごっこはいかがでしょうか？植木鉢の受け皿などに砂を入れて、どんぐりや落ち葉、小枝、花びらなどをトッピングして、オーブンで焼けば、おいしそうなピザのでき上がりです。注文をもらったお客さんに渡したり、三輪車に載せて宅配ピザのお届けをしたりして、太陽の下でごっこあそびを楽しみましょう。

あそびかた

- お客さんとスタッフに分かれて、交代してごっこあそびをします。
- お客さんは、メニュー表の中から好きなピザを選んで、注文します。
- 注文を受けたスタッフは、ピザを作って焼き、お客さんに渡したり、ちょっと離れた場所で待っているお客さんに、三輪車で宅配ピザを届けたりします。

 1 注文を受ける
お客さんは、メニュー表の中から、好きなピザを選んで注文します。

つかうもの

【オーブン】 つくりかた P.82

【ピザケース】 つくりかた P.83

【メニュー表】 つくりかた P.83

2 ピザを作る
鉢植えの受け皿に砂場の砂を入れ、落ち葉や小枝、どんぐり、花びらなどをトッピングします。

3 ピザを焼く
作ったピザをオーブンに入れて、焼きます。

4 ピザを渡したり、届けたりする
焼けたピザをピザケースに入れて、注文カウンターで待っているお客さんに渡したり、ちょっと離れた場所で待っているお客さんに、三輪車で宅配します。

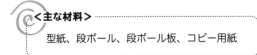

① 同じ大きさの段ボールを2つ用意し、それぞれの一面を切り取り、つなげる。

② つなげた面と同じ大きさの段ボール板を、①の下につなげる。

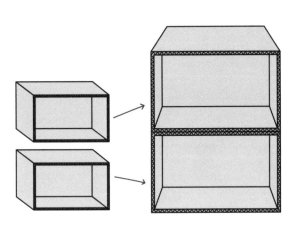

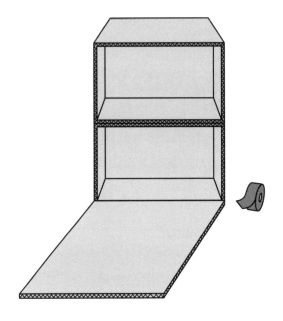

③ 細く切った段ボール板を直角に折り、ビニールテープを巻いて、②のオーブンの上につけ、オーブン扉のとめ板にする。また、段ボール板で取っ手を作り、ビニールテープを巻いてオーブンにつける。

④ 型紙の「オーブン」を拡大コピーして色をぬり、切り取って、オーブンの表面に貼る。

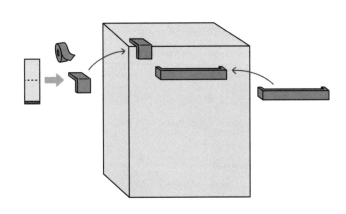

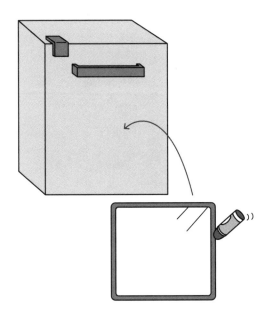

 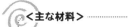

＜主な材料＞
型紙、段ボール、コピー用紙

平たく、上が開くタイプの段ボールを用意し、型紙の「ピザケース」を拡大コピーして色をぬり、切り取って、段ボールの表面に貼る。

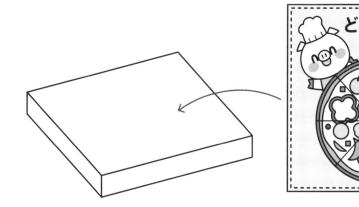

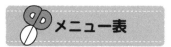 

＜主な材料＞
型紙、厚紙

型紙の「メニュー表」を厚紙に拡大コピーして色をぬり、切り取る。

「ピザ屋さんごっこ」を楽しんだ後は、「♪ ピザパスタピザのうた」を歌って、みんなで盛り上がりましょう。

ピザパスタピザのうた

作詞：Nikkos Bifaro Vincezo アベユーイチ／作曲：Nikkos Bifaro Vincezo

園庭で かき氷屋さんごっこ

雪が降った後に、園庭でできる、かき氷屋さんごっこです。雪を氷に見立ててカップに入れて、赤色や緑色の絵の具をかければ、本物そっくりのおいしそうなかき氷に！ 青色の絵の具でブルーハワイにしたり、数種類の絵の具をかけて、レインボーにして、おしゃれなかき氷もできちゃいます。かき氷屋さんであそんだら、溶けた色水を使って雪の上にお絵かきをしたり、色水を混ぜ合わせて、色あそびを楽しみましょう。

あそびかた

- お客さんとスタッフに分かれて、交代してごっこあそびをします。
- お客さんは、好きなかき氷を注文し、スタッフは、注文を受けた色のかき氷を作ります。お客さんは、食べる真似をします。
- かき氷が溶けたら、雪の上に溶けた色水をかけて自由にお絵かきをしたり、他の色水と混ぜ合わせて、色水あそびをします。

1 注文を受ける

いくつかの色を決めて、かき氷の種類（ex. 赤色＝いちご、黄色＝レモン、緑色＝メロン、青色＝ブルーハワイ、数種類の色＝レインボーなど）を決めて、お客さんは、その中から好きな色を注文します。

2 かき氷を作る
プリンのカップなどに雪を入れ、その上から、注文の色の絵の具（水で溶いたもの）をかけます。

3 かき氷を食べる
プラスチックのスプーンなどで、かき氷を食べる真似をします。

4 色水あそびをする
カップのかき氷が溶けたら、溶けた色水で雪の上に自由にお絵かきをしたり、色水を混ぜ合わせてあそびます。

発展あそび

「かき氷屋さんごっこ」をした後は、みんなで「♪ どんないろがすき」の歌を歌って楽しみましょう。

どんないろがすき
作詞／作曲：坂田 修

お好みに合わせて拡大して、ご使用ください。
まず全体を原寸でコピーし、それから使用するイラストを切り取り、拡大すると無駄なく使えます。またイラストは色がついていませんので、拡大したものに色をぬりましょう。
また、編集の都合上、イラストの向きが違うものがございます。ご了承ください。

📖 P.4-13「ゲームセンターごっこ」

●ゲームセンター

●星

●ゲームチケット

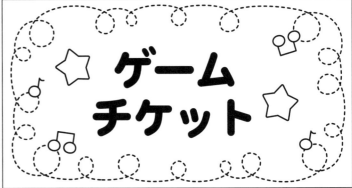

魚釣り

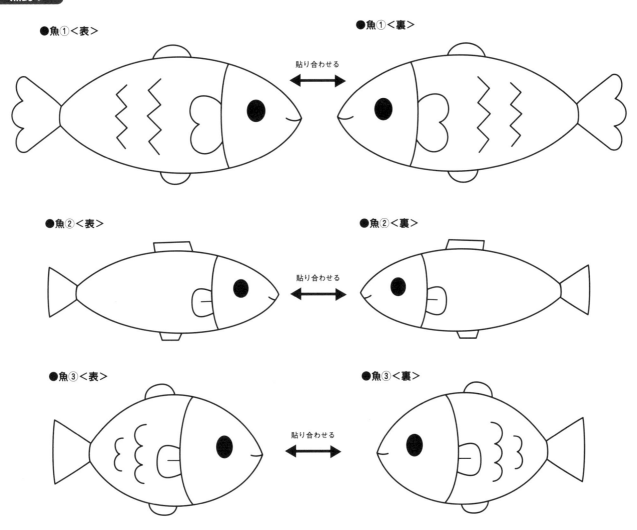

的入れ

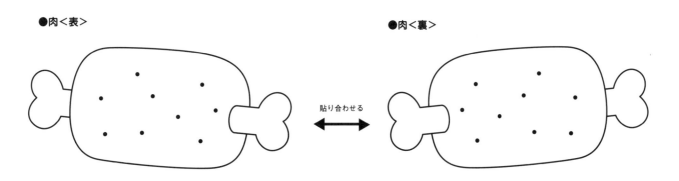

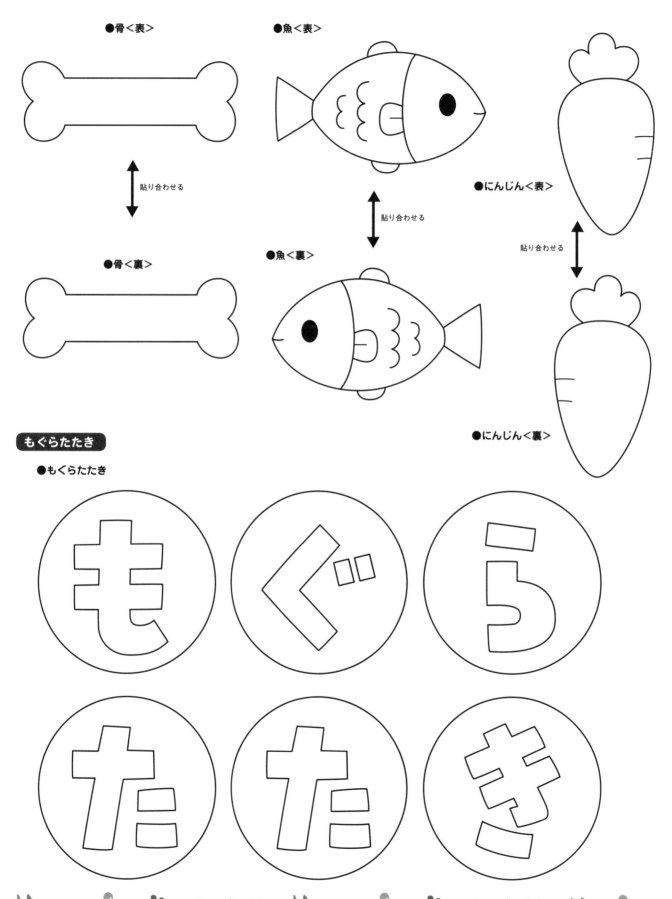

パットゴルフ

●草

●足形

エアホッケー

●エアホッケーの模様

●パックの模様

📖 P.14-21「遊園地ごっこ」

●にこにこランド

●ゆうえんちけっと

コーヒーカップ

●コーヒーカップの模様

ミラーハウス

●ミラーハウス

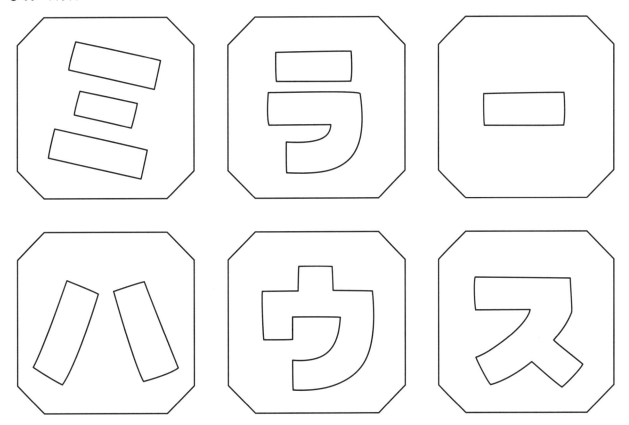

●いりぐち

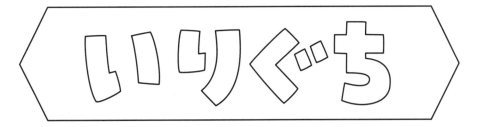

●でぐち

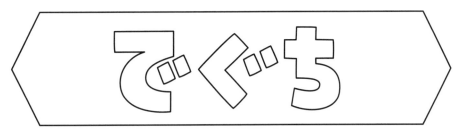

ジェットコースター

●ジェットコースターの模様

フードコーナー【ラーメン】

●麺　　　　　　　　　　　　　　　　●なると

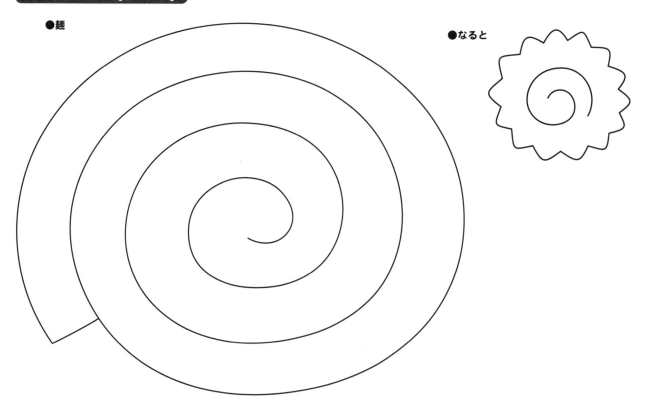

📖 P.22-31「お祭りごっこ」

●わくわくじんじゃ

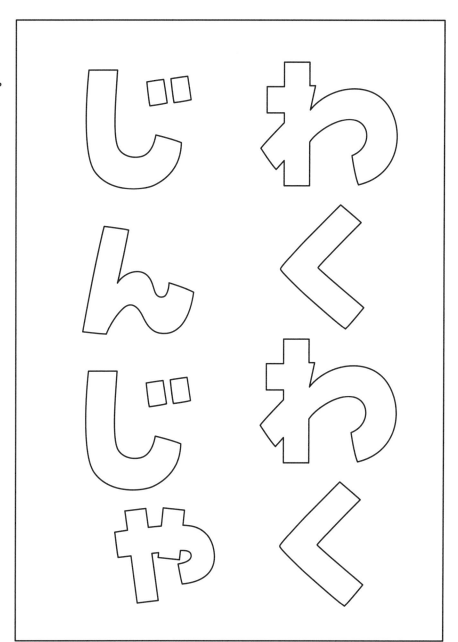

●おまつりチケット

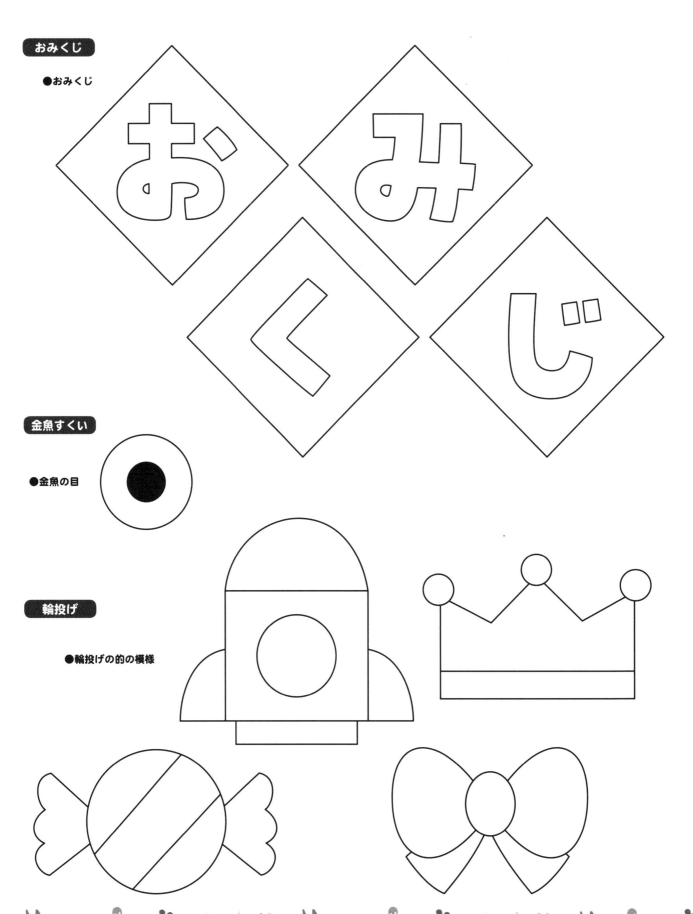

段ボール空気砲

●手形

●段ボール空気砲の的の模様

📖 **P.32-37「郵便ごっこ」**

●はがき

ぐみ

より

さんへ

●切手

●郵便マーク

●郵便イラスト

📖 P.38-43「忍者ごっこ」

●しゅりけん

●にんじゃにんていしょう

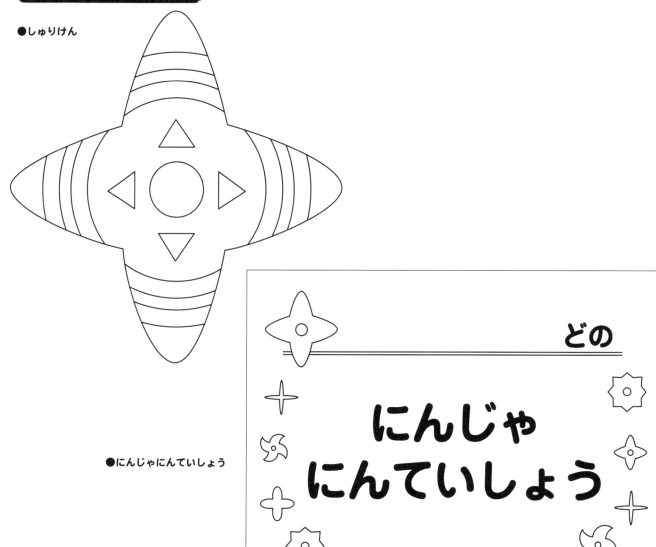

📖 P.44-49「お泊まりごっこ」

●たまねぎ

●にんじん

●じゃがいも

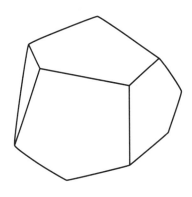

●スプーン ●歯ブラシの模様

📖 P.50-55「ファッションショーごっこ」

●服の模様

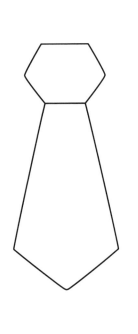

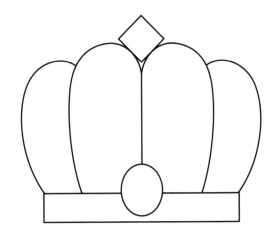
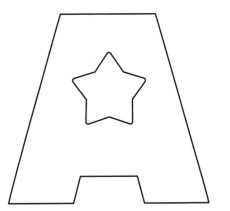

📖 P.56-59「探険ごっこ」

●たんけんカード
　(表)

貼り合わせる

●たんけんカード
　(裏)

●ごほうびシール

●ボールの模様

📖 P.60-67「バイキングレストランごっこ」

●看板

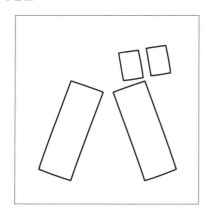
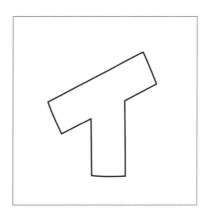
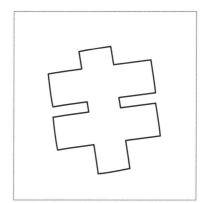
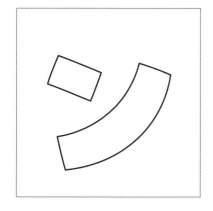
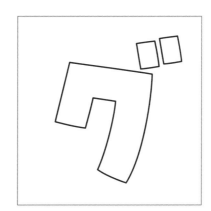

スパゲティ

●マッシュルーム

お寿司

●えび

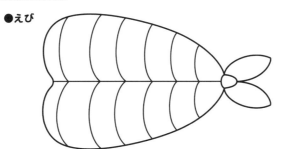

●フォーク

●トング

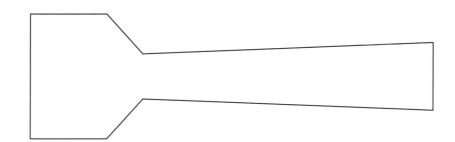

ケーキ

●ケーキ型

のりしろ

のりしろ　のりしろ

山折り線

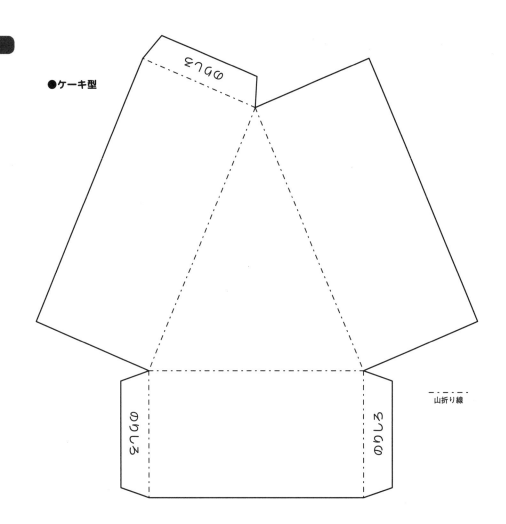

●ケーキ包み

●いちご

●マロン

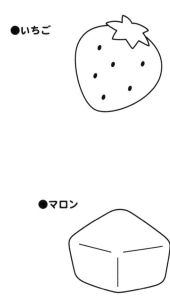

📖 P.68-79「ショッピングモールごっこ」

●ショッピングモール

●おかいものチケット

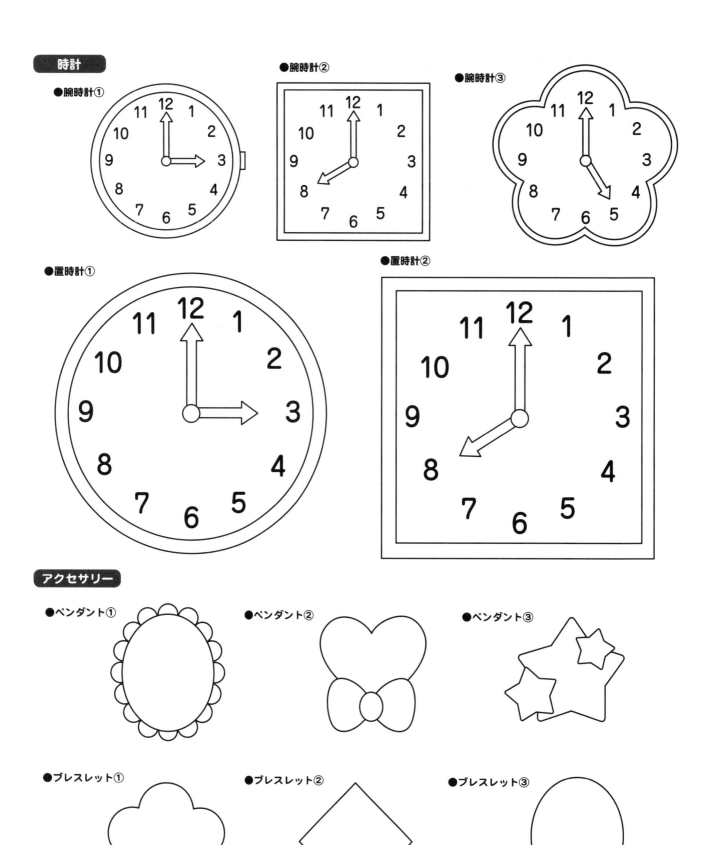

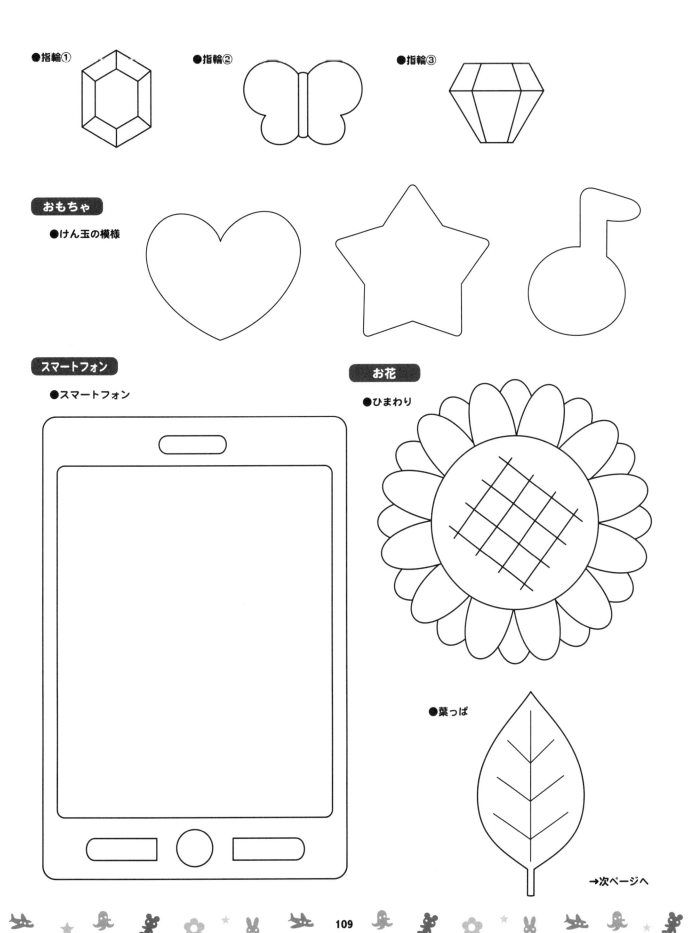

● ガーベラ

パン

● フランスパンの模様

お菓子　● クッキー

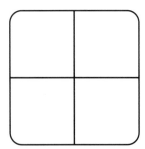

● ビスケット

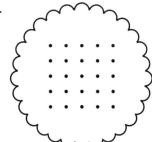

ハンバーガーショップ

● ポテトケース

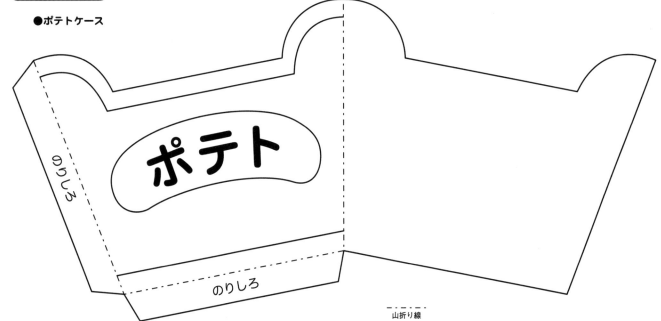

山折り線

📖 P.80-85「ピザ屋さんごっこ」

●オーブン

●ピザケース

●メニュー表

●編著者

井上 明美（いのうえ あけみ）

国立音楽大学教育音楽学科幼児教育専攻卒業。卒業後は、㈱ベネッセコーポレーション勤務。在籍中は、しまじろうのキャラクターでおなじみの『こどもちゃれんじ』の編集に創刊時より携わり、音楽コーナーを確立する。退職後は、音楽プロデューサー・編集者として、音楽ビデオ、CD、CDジャケット、書籍、月刊誌、教材など、さまざまな媒体の企画制作、編集に携わる。2000年に編集プロダクション アディインターナショナルを設立。主な業務は、教育・音楽・英語系の企画編集。同社代表取締役。http://www.ady.co.jp
同時に、アディミュージックスクールを主宰する。http://www.ady.co.jp/music-school/
著書に、『CD付きですぐ使える みんなが主役の劇あそび！』、『子どもがときめく名曲＆人気曲でリトミック』『かわいくたのしいパネルシアター』（いずれも自由現代社）他、多数。

●情報提供

学校法人 東京吉田学園 久留米神明幼稚園／
　小林由利子　齊藤和美　安部美紀　富澤くるみ　栗林ありさ　菅野里茄

●編著協力

アディインターナショナル／大門久美子　新田 操　福田美代子

●表紙・本文イラスト

イシグロフミカ

短大の保育科を卒業後、幼稚園の先生として働きながらイラストを描き始め、現在フリーのイラストレーターとして活動中。保育・教育関連の雑誌や書籍などで、明るくかわいいタッチのイラストを描く。また、こどもが喜ぶ工作も手がける。
著書に「かわいい保育グッズのつくりかた」（自由現代社）、「かわいいえがすぐにかけちゃうほん」「1、2、3 ですぐかわイラスト」（学研）、「親子でいっしょに季節の手作りあそび」（日東書院）、「親子でつくる プラバン小物」（講談社）などがある。
URL : http://funyani.com

つくって！あそんで！展開いろいろ！　**かわいく たのしい ごっこあそび**　定価（本体1400円＋税）

編著者	井上明美（いのうえあけみ）
イラスト	イシグロフミカ
表紙デザイン	オングラフィクス
発行日	2016年8月30日
編集人	真崎利夫
発行人	竹村欣治
発売元	株式会社自由現代社 〒171-0033　東京都豊島区高田 3-10-10-5F TEL03-5291-6221/FAX03-5291-2886 振替口座 00110-5-45925
ホームページ	http://www.j-gendai.co.jp

皆様へのお願い
楽譜や歌詞・音楽書などの出版物を権利者に無断で複製（コピー）することは、著作権の侵害（私的利用など特別な場合を除く）にあたり、著作権法により罰せられます。また、出版物からの不法なコピーが行なわれますと、出版社は正常な出版活動が困難となり、ついには皆様方が必要とされるものも出版できなくなります。音楽出版社と日本音楽著作権協会（JASRAC）は、著作権の権利を守り、なおいっそう優れた作品の出版普及に全力をあげて努力してまいります。どうか不法コピーの防止に、皆様方のご協力をお願い申し上げます。

株式会社　自由現代社
一般社団法人　日本音楽著作権協会
　　　　　　　　　　（JASRAC）

JASRACの承認に依り許諾証紙張付免除

JASRAC 出 1608593-601
（許諾番号の対象は、当該出版物中、当協会が許諾することのできる出版物に限られます。）

ISBN978-4-7982-2127-4

●本書で使用した楽曲は、内容・主旨に合わせたアレンジによって、原曲と異なる又は省略されている箇所がある場合がございます。予めご了承ください。
●無断転載、複製は固くお断りします。●万一、乱丁・落丁の際はお取り替え致します。